UNBOXING NEGÓCIOS DE MODA
EMPREENDEDORISMO, PLANEJAMENTO E GESTÃO

Editora Appris Ltda.
1.ª Edição - Copyright© 2023 da autora
Direitos de Edição Reservados à Editora Appris Ltda.

Nenhuma parte desta obra poderá ser utilizada indevidamente, sem estar de acordo com a Lei nº
9.610/98. Se incorreções forem encontradas, serão de exclusiva responsabilidade de seus organi-
zadores. Foi realizado o Depósito Legal na Fundação Biblioteca Nacional, de acordo com as Leis nos
10.994, de 14/12/2004, e 12.192, de 14/01/2010.

Catalogação na Fonte
Elaborado por: Josefina A. S. Guedes
Bibliotecária CRB 9/870

C331u
2023
	Carvalhinha, Marília Piccinini da
	   Unboxing negócios de moda : empreendedorismo, planejamento e
	gestão /Marília Piccinini da Carvalhinha. – 1. ed. –
	Curitiba: Appris, 2023.
	   194 p. ; 23 cm.
	
	   Inclui referências.
	   ISBN 978-65-250-4074-5
	
	   1. Moda. 2. Negócios. 3. Empreendedorismo. 4. Administração de
	empresas. 5. Planejamento estratégico. I. Título. II. Série.
	
	                                     CDD – 746.92

Livro de acordo com a normalização técnica da ABNT

Appris editora

Editora e Livraria Appris Ltda.
Av. Manoel Ribas, 2265 – Mercês
Curitiba/PR – CEP: 80810-002
Tel. (41) 3156 - 4731
www.editoraappris.com.br

Printed in Brazil
Impresso no Brasil

Marília Piccinini da Carvalhinha

UNBOXING NEGÓCIOS DE MODA
EMPREENDEDORISMO, PLANEJAMENTO E GESTÃO

Um guia para empreendedores e profissionais
de moda e setores correlatos

FICHA TÉCNICA

EDITORIAL	Augusto V. de A. Coelho
	Sara C. de Andrade Coelho
COMITÊ EDITORIAL	Marli Caetano
	Andréa Barbosa Gouveia - UFPR
	Edmeire C. Pereira - UFPR
	Iraneide da Silva - UFC
	Jacques de Lima Ferreira - UP
SUPERVISOR DA PRODUÇÃO	Renata Cristina Lopes Miccelli
ASSESSORIA EDITORIAL	Tarik de Almeida
REVISÃO	Simone Ceré
PRODUÇÃO EDITORIAL	Bruna Holmen
DIAGRAMAÇÃO	Andrezza Libel
CAPA	Lívia Weyl
	Marilia Piccinini da Carvalhinha
FOTO DA CAPA	Aline Canassa
REVISÃO DE PROVA	Bárbara Obinger
	Bianca Silva Semeguini

AGRADECIMENTOS

Ao meu marido, pelo apoio durante o desenvolvimento deste livro e pelo suporte em todo o meu desenvolvimento profissional nos últimos anos.

À minha mãe, por ser minha maior incentivadora, acompanhando meus passos de maneira entusiasmada e participativa.

Ao meu pai, pelo conhecimento e pela experiência compartilhados comigo desde a infância, base de muito do que hoje aplico no meu trabalho.

Ao meu irmão, pela segurança que me conferiu nos grandes desafios da minha vida.

Ao meu filho, cujo nascimento abriu a oportunidade para a organização desta obra e cujos sorrisos diários me carregaram de energia para trabalhar nela.

Sem o apoio da minha família seria impossível manter a dedicação necessária para cumprir esta missão.

Aos meus mentorados e clientes de consultoria, que dividiram comigo questões estratégicas de seus negócios, enriquecendo profundamente minha experiência profissional.

À minha base acadêmica na Escola Politécnica da USP, onde dei meus primeiros passos na tarefa de pesquisar, organizar conhecimento e escrever.

Aos meus alunos, que me desafiam regularmente a revisar o meu olhar sobre o mundo e verificar a possibilidade de novas perspectivas.

À Faap, por oferecer-me a oportunidade de lecionar e coordenar cursos relevantes, processo que me desafiou a traduzir meus aprendizados em modelos didáticos para os alunos. Essa foi a base para a composição deste livro.

À Audaces, por toda a contribuição que teve na profissionalização da indústria brasileira de moda e por ceder gentilmente materiais importantes para a constituição deste projeto.

APRESENTAÇÃO

Os negócios de moda reúnem uma série de características que os tornam especiais e, ao mesmo tempo, desafiadores do ponto de vista de gestão.

É um setor com o qual todos se relacionam em algum grau, pois roupas fazem parte do cotidiano de todas as pessoas, consequentemente é também muito relevante em termos de mercado consumidor. Além disso, a indústria da moda é intensiva em mão de obra, tanto em sua cadeia produtiva quanto no varejo, gerando emprego e renda para muitas famílias.

Por outro lado, é um setor extremamente desafiador do ponto de vista da gestão, pois concilia a criatividade e a necessidade de uma gestão complexa. Talvez seja o mercado que lida com maior quantidade de variantes de modelos, cores e tamanhos, boa parte deles substituídos a cada nova coleção.

A cadeia de suprimentos é fragmentada e descentralizada, desafiando a capacidade empresarial de gerir seus fornecedores e sua logística de abastecimento. Pequenas falhas acarretam grandes impactos nas vendas e nos estoques.

Do ponto de vista financeiro, as empresas de moda precisam lidar com gastos meses antes de o produto estar nas lojas, em um ciclo financeiro que geralmente demanda caixa no crescimento. Novamente, é fundamental planejar bem para não se tornar insolvente, mesmo que a operação esteja lucrativa.

Todos esses desafios tradicionais ainda são temperados com um mercado em mudanças profundas, em evolução tecnológica intensa e com a busca pela "omnicanalidade".

Há quase 20 anos, atuo diretamente com esse setor encantador e desafiador, mas há 40 anos respiro os ares dessa indústria, dentro da qual nasci e cresci. Tive oportunidades muito especiais para desenvolver conhecimentos e métodos de gestão nesse setor, uma delas foi a de ter uma família de empreendedores. Brincando com os cones de lãs ou dormindo entre rolos de tecidos, ao fundo, ouvia os assuntos do dia a dia das empresas dos meus avós e dos meus pais.

Para mim, nunca foi o glamour das passarelas, pois me encantava o jeito que a malha era acomodada na "remalhadeira", as cores dos alfinetes ajeitados na almofadinha, a maneira como a peça era modelada no busto do manequim de *moulage* e tantos outros detalhes cotidianos.

Aos sábados, meu pai, que era executivo de uma multinacional, fazia a contabilidade da empresa da minha mãe. Ainda criança, ele me deixava "ajudar". Eu ia, toda feliz, conferir os totais. A conta 2.110 era a de tecidos, 2.120 a de fios. Mal sabia eu que, uns 15 anos mais tarde, ainda utilizaria essas mesmas contas em minha própria jornada.

Estava lá a sementinha de tudo que fui construindo depois. Tive sucessos e fracassos como empreendedora na indústria propriamente dita. Por dez anos, vivi na pele a intensidade de ter uma fábrica e de produzir as peças mais elaboradas das melhores marcas brasileiras. Trabalhei com estilistas incríveis, mas também com alguns profissionais pouco preparados e, muitas vezes, com humildade deficiente.

Ao lidar com todos esses desafios mencionados, fui desenvolvendo métodos que conciliavam o que aprendi na minha formação acadêmica e o que absorvi do meu pai. Esses métodos foram aprimorados nos últimos anos, durante minha atuação como consultora, mentora e professora.

Foi uma grande oportunidade participar da estruturação e conduzir discussões estratégicas em mais de cem empresas. Outra grande oportunidade foi poder levar os conhecimentos adquiridos ao longo do tempo para os alunos, buscando organizá-los de maneira estruturada, didática e até mesmo gráfica.

Há muito tempo, está claro que um grande propósito profissional da minha vida é ajudar na construção de pontes que conectam o universo criativo com a gestão de negócios, tipicamente necessárias no mercado de moda. Este livro é parte da realização desse sonho. Com ele, espero multiplicar as possibilidades de sucesso dos profissionais e empreendedores desse setor e dos seus correlatos, como beleza, joalheria, decoração, entre tantos outros. Desejo trazer consciência de fatores críticos para o sucesso nesses mercados, que vão muito além da superfície.

Marília Piccinini da Carvalhinha

SUMÁRIO

PARTE I: INTRODUÇÃO À CADEIA DE VALOR DA MODA 11

1 A CADEIA DE VALOR DE MODA 13

2 OS CICLOS DA MODA 18

2.1 *Fast fashion* versus *slow fashion* 23

2.2 Calendário do varejo de moda 25

3 CANAIS DE VENDAS DE MODA: VAREJO E ATACADO 28

4 "OMNICANALIDADE" E A INTEGRAÇÃO FÍSICO-DIGITAL 35

5 CONFECÇÃO DE ROUPAS E SEUS PROCESSOS DE PRODUÇÃO 38

6 MODELOS DE SUPRIMENTOS E GESTÃO DE FORNECEDORES 45

7 DESENVOLVIMENTO DE PRODUTOS 54

PARTE II: PLANEJAMENTO E GESTÃO DE NEGÓCIOS DE MODA 61

8 OS OBJETIVOS DAS EMPRESAS E SEUS *STAKEHOLDERS* 63

9 ESTRATÉGIA, MODELAGEM E PLANEJAMENTO DE NEGÓCIOS 68

10 ROTINAS DE GESTÃO 76

10.1 Sistemas de Gestão: *Enterprise Resource Planning* (ERPs) 82

11 PRINCIPAIS FUNÇÕES ORGANIZACIONAIS EM NEGÓCIOS DE MODA 84

PRODUTO 86

MARKETING 86

COMERCIAL 87

LOGÍSTICA E SUPRIMENTOS 87

FINANCEIRO 88

ADMINISTRATIVO 88

PARTE III: PLANEJAMENTO DE MARKETING, VENDAS E SORTIMENTO 89

12 MARKETING DE MODA 91

13 PÚBLICO-ALVO E OFERTA DE VALOR 94

14 POSICIONAMENTO, ANÁLISE DE CONCORRENTES E *BENCHMARKS* 97

15 CANAIS DE COMUNICAÇÃO, RELACIONAMENTO, VENDAS, PAGAMENTO E DISTRIBUIÇÃO 104

16 MIX DE PRODUTOS 107

17 PRECIFICAÇÃO 114

17.1 Preço, custo e *markup* 114

17.2 Preço e valor de mercado 117

18 INDICADORES DE VENDAS E MARKETING 121

18.1 Sistemas de Relacionamento com o Cliente ou *Customer Relationship Management* (CRM) 134

19 CONSTRUÇÃO DA PROJEÇÃO DE VENDAS 135

20 PLANO DE SORTIMENTO 137

PARTE IV: GESTÃO FINANCEIRA DE NEGÓCIOS DE MODA 149

21 GESTÃO FINANCEIRA: RESULTADOS E FLUXO DE CAIXA 151

22 CUSTEIO 160

23 ORÇAMENTO DE DESPESAS 174

23.1 Orçamento de marketing 175

24 PROJEÇÃO E ANÁLISE DE RESULTADOS 178

25 PROJEÇÃO DE CAIXA 184

CONSIDERAÇÕES FINAIS 192

REFERÊNCIAS 193

APOIO 194

PARTE I:
INTRODUÇÃO À CADEIA DE VALOR DA MODA

1 A CADEIA DE VALOR DE MODA

Cadeia de valor é o grupo de atividades envolvidas no design, na produção e na comercialização de um produto[1]. A cadeia de valor de moda abrange a cadeia têxtil e do vestuário, sendo iniciada na indústria agropecuária para fibras naturais, e química e petroquímica para fibras artificiais e sintéticas.

Em seguida, as matérias-primas são processadas pelas fiações e tecelagens, gerando tecidos que serão os insumos da cadeia do vestuário.

A cadeia do vestuário pode ser dividida em três atividades principais:

- confecções;
- administradores de marca; e
- varejo.

---

[1] GEREFFI, G.; MEMEDOVIC, O. **The global apparel value chain**: what prospects for upgrading by developing countries. Viena, AT: Sectoral Studies Series/United Nations Industrial Development Organization, 2003.

FIGURA 1 **CADEIA TÊXTIL-VESTUÁRIO**

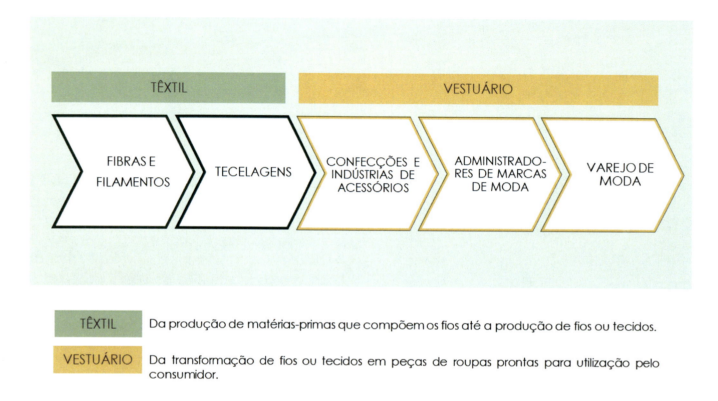

Fonte: a autora

A maioria dos produtos de moda transforma tecidos em peças prontas no elo das confecções. Porém, alguns produtos partem diretamente dos fios para o produto acabado, como é o caso de produtos de malharia retilínea (tricô). Neste caso, o próprio tecer já desenvolve a forma do produto.

Considerando os elos da cadeia de vestuário, podemos dizer que os **Administradores de Marcas[2] detêm a governança da cadeia[3], pois definem suas principais regras de funcionamento, como ciclos de lançamentos e promoções, composição de seu mix de produtos, canais de distribuição, posicionamento, preços, markups, entre outros fatores estratégicos para o setor.**

---

[2] Ao longo do texto, vamos nos referir aos **Administradores de Marca** apenas como **Marcas** ou **Grifes**.

[3] Governança da Cadeia: as cadeias produtivas, de forma geral, possuem uma estrutura de governança na qual uma empresa ou um grupo delas assume um papel central na coordenação das atividades da cadeia como um todo (GEREFFI; MEMEDOVIC, 2003).

FIGURA 2 **GOVERNANÇA DA CADEIA DO VESTUÁRIO**

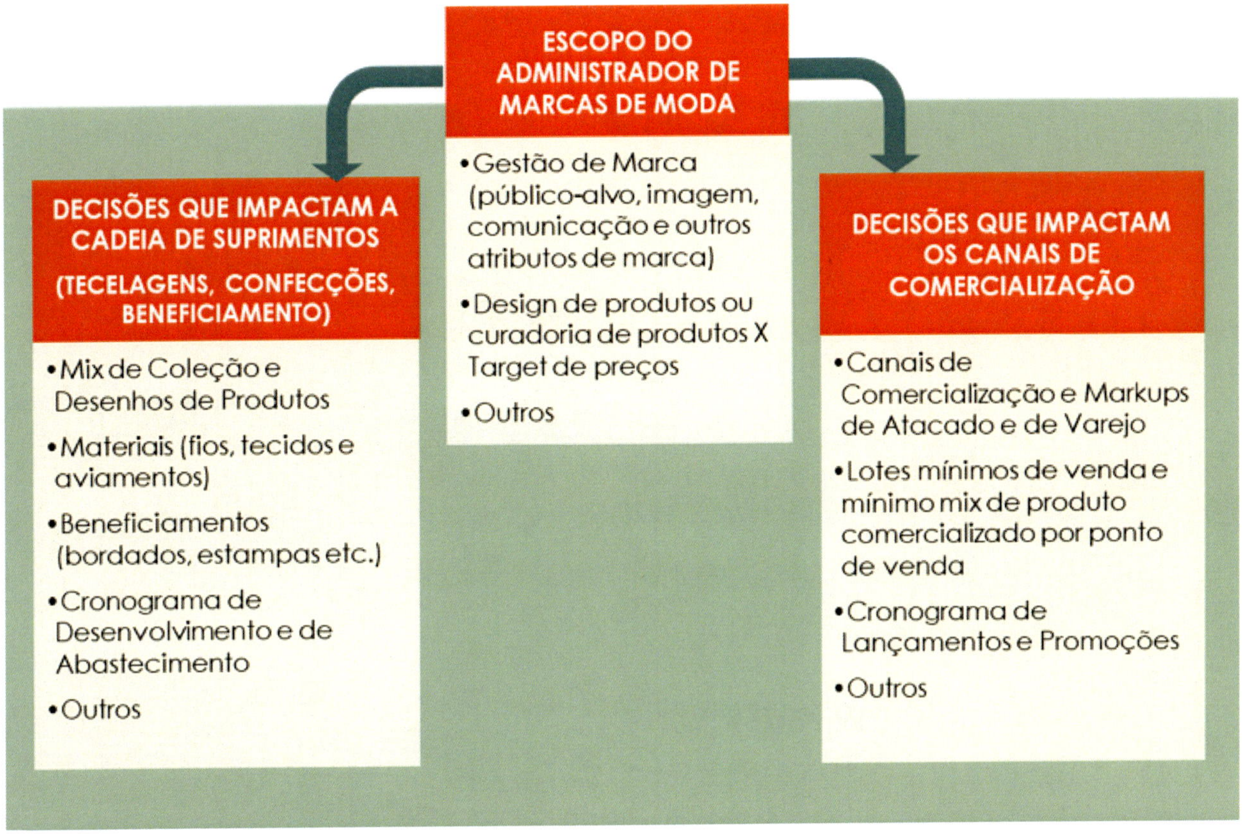

ESCOPO DO ADMINISTRADOR DE MARCAS DE MODA

- Gestão de Marca (público-alvo, imagem, comunicação e outros atributos de marca)
- Design de produtos ou curadoria de produtos X Target de preços
- Outros

DECISÕES QUE IMPACTAM A CADEIA DE SUPRIMENTOS (TECELAGENS, CONFECÇÕES, BENEFICIAMENTO)

- Mix de Coleção e Desenhos de Produtos
- Materiais (fios, tecidos e aviamentos)
- Beneficiamentos (bordados, estampas etc.)
- Cronograma de Desenvolvimento e de Abastecimento
- Outros

DECISÕES QUE IMPACTAM OS CANAIS DE COMERCIALIZAÇÃO

- Canais de Comercialização e Markups de Atacado e de Varejo
- Lotes mínimos de venda e mínimo mix de produto comercializado por ponto de venda
- Cronograma de Lançamentos e Promoções
- Outros

Fonte: a autora

Assim, partindo dos Administradores de Marcas para a frente da cadeia do vestuário, temos os canais de comercialização, que permitirão que os produtos cheguem aos clientes finais.

Esses canais podem ser B2B ou B2C. Dizemos que um canal é B2B (*Business to Business*) quando ele conecta duas empresas, e que um canal é B2C (*Business to Consumer*) quando ele conecta uma empresa a um consumidor final.

Muitas vezes, referimo-nos também a esses canais como atacado (quando é um canal que vende para outra empresa) ou varejo (quando é um canal que vende para o consumidor final).

FIGURA 3 **CANAIS DE VENDA DE MODA: B2B E B2C**

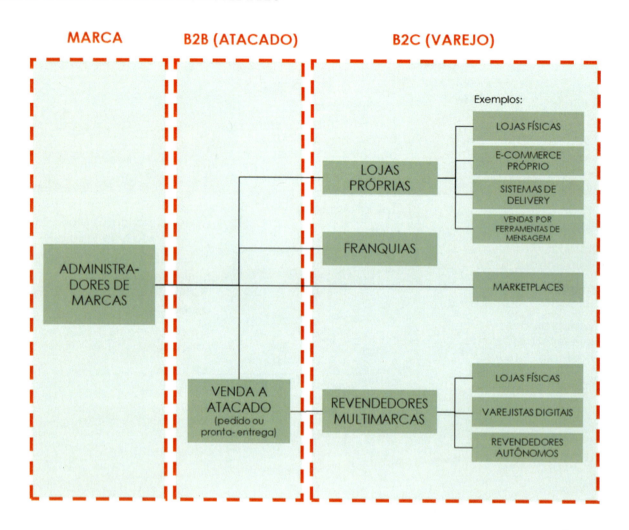

Fonte: a autora

Com relação à decisão das marcas sobre seus canais de distribuição, podemos observar que muitas marcas optam por concentrar canal de distribuição ao consumidor em sua estrutura por meio de redes de lojas próprias.

Atualmente, é predominante a atuação das marcas com lojas próprias em ambientes físicos e digitais, além de sistemas de vendas por aplicativos de mensagem, como WhatsApp, e por delivery (coloquialmente também chamadas de "vendas por malinhas").

Porém, é comum também que empresas utilizem como canais de vendas franquias, que são lojas que funcionam com a bandeira da marca, sob regras definidas pela marca mediante contratos de franquia, mas que pertencem a outros donos, os franqueados.

Outra maneira de oferecer os produtos ao consumidor final é o que chamamos de *marketplaces*, que são modelos nos quais um comercializador oferece os produtos em seu canal de vendas e faz a gestão do atendimento e do pagamento dos clientes, porém não assume a compra do estoque da marca.

Em troca desse serviço de promoção, vendas e gestão de recebimentos, a marca paga para o operador de *marketplace* um percentual das vendas.

Esse é um sistema muito comum no meio digital, e a Amazon é um dos exemplos clássicos. No mercado de moda, a Dafiti e a Farfetch são dois exemplos de empresas que operam em sistema de *marketplace*.

Nesse sistema, o operador ou a marca podem realizar o sistema de logística de entrega para o cliente. Essa definição varia conforme o acordo entre as partes.

Outra maneira de distribuir seus produtos aos consumidores finais é pela venda a atacado para as multimarcas. Nesse caso, a empresa vende lotes de produtos para lojas multimarcas e estas revendem aos consumidores finais. A venda por multimarcas tende a predominar em centros urbanos menores ou bairros periféricos.

Na venda por atacado, a marca pode trabalhar por pedido, que é um sistema de encomenda, ou em um formato de pronta-entrega. Alguns exemplos de polos de marcas de atacado a pronta-entrega são os bairros do Brás e do Bom Retiro, em São Paulo, além das regiões de Maringá e Cianorte, no Paraná.

Entre tantas possibilidades, o Administrador de Marca, por ter controle sobre as estratégias de produção e de distribuição, tende a se apropriar da maior parte do valor agregado da cadeia de moda. Isso não quer dizer necessariamente que ele terá mais lucro — pois isso depende de diversas condições de mercado e do sucesso de suas estratégias —, mas terá mais controle sobre as variáveis que podem influenciar no resultado.

2 OS CICLOS DA MODA

O varejo de moda opera em ciclos de lançamentos e promoções. No Hemisfério Sul, as coleções de outono-inverno são lançadas por volta de março e entram em liquidação por volta do fim de junho, permanecendo com descontos até agosto. Em setembro, são lançadas as coleções de primavera-verão; e, após o Ano-Novo, são iniciadas as liquidações de verão.

Mesmo empresas que não trabalham com coleções regulares, por terem produtos atemporais, por um posicionamento *slow fashion* ou por qualquer outro motivo, tendem, de alguma maneira, a se aproximar desses ciclos de maneira indireta. Isso acontece porque não é atrativo mercadologicamente lançar produtos novos em meses em que o grande varejo está em liquidação. Assim, as marcas organizam-se para lançar itens novos em meses do ano que coincidam com as fases de lançamento das marcas tradicionais.

Atualmente, a maioria das marcas não trabalha mais com grandes lançamentos de produtos concentrados no início das estações, mas, sim, em lançamentos mensais, quinzenais ou até semanais. Porém, esses lançamentos continuam ocorrendo nesses mesmos períodos (entre março e maio e entre setembro e novembro), mantendo preços sem desconto até junho e dezembro. Por uma questão didática, aqui vamos chamá-los de lançamentos primavera-verão e outono-inverno.

Uma crítica comum a esse ciclo da moda é com relação ao fato de que as liquidações de inverno acabam acontecendo no momento que o clima está mais frio e as de verão quando está calor.

Para conseguir entender o possível sentido nesses ciclos, precisamos considerar algumas características do mercado de moda:

i. A base do mercado de moda é a renovação de produtos.

O mercado de moda é, historicamente, um ramo cujo desejo de consumo é baseado em renovação. Nas suas origens, representava o desejo de uma classe de parecer mais com a classe superior. E, na sequência, o desejo dessa classe superior continuar se diferenciando — o que gerava ciclos de renovação.

Atualmente, as pessoas continuam desejando representar suas respectivas identidades por meio das roupas e o que elas significam em determinados contextos. É como se fosse um vocabulário em constante ampliação e transformação.

A indústria da moda apropria-se desse desejo de renovação e propõe novidades ciclicamente.

ii. A comercialização de peças de roupa faz mais sentido quando oferecida em grupos, com uma coerência visual que gere combinações desejáveis (coleções).

Lançar modelos em grupos com uma coerência de linguagem visual é muito mais interessante para provocar o desejo dos consumidores por novos modelos do que lançar modelos isoladamente. Isso porque o consumidor tende a entender melhor esse "novo vocabulário" quando colocado em contexto, formando uma linguagem coerente.

Essa linguagem é apresentada em todos os canais de vendas e comunicação da marca. É uma questão simples de ilustrar, porque a maioria das pessoas já se sentiu muito mais atraída para entrar em uma loja com aparência bonita e organizada do que em lojas com milhares de produtos misturados, que não combinam entre si.

O mesmo acontece quando entramos no site da marca ou em sua página nas redes sociais. A estética geral e a harmonia de cores e formas tendem a atrair o consumidor e agregar valor à marca e aos produtos oferecidos.

iii. Os produtos de moda são oferecidos em uma diversidade de modelos, cores e tamanhos, que ficam desfalcados após certo período de vendas.

Antes do *prêt-à-porter*, a moda já existia no sentido da manifestação dos desejos individuais de comunicação, mas as roupas eram fabricadas de maneira individual, por costureiras. Após a

2.a Guerra Mundial, o nascimento do *prêt-à-porter* trouxe uma nova lógica de produção de roupas, com a padronização de tamanhos e a confecção em escala industrial. Daí por diante, a viabilidade da produção depende de certa economia de escala.

A **economia de escala** acontece quando alguns custos de produção se tornam muito menores ao se trabalhar com lotes maiores. No mercado de moda, lotes muito pequenos tornam a produção economicamente inviável.

Assim sendo, um modelo é oferecido em certa quantidade dividida em algumas variantes de cores e tamanhos. Por exemplo, uma determinada calça pode ser oferecida em três cores, cada uma delas nos tamanhos P, M e G. Essa variedade já produz nove variações (três cores x três tamanhos).

Ao longo do período de vendas, é comum que algumas cores e tamanhos vendam mais que outros. O resultado é um estoque desfalcado (Figura 4).

FIGURA 4 **DISPONIBILIDADE DE GRADES DE PRODUTO EM SEGUIDA AO LANÇAMENTO E APÓS CERTO PERÍODO DE VENDAS**

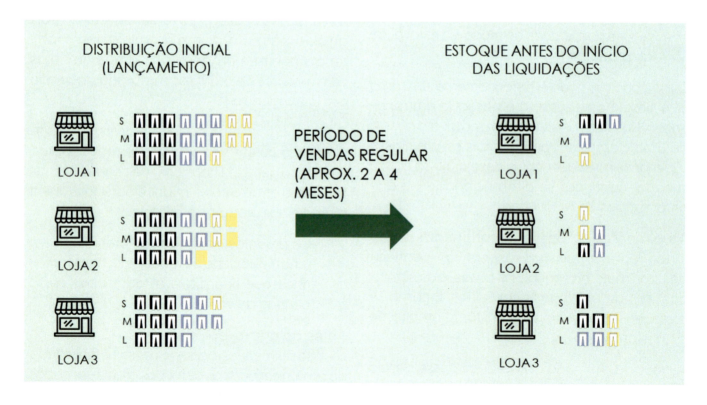

Fonte: a autora

A probabilidade de venda de uma peça que faz parte de um estoque desfalcado é razoavelmente menor. Isso porque o cliente tem menos opções para escolher, e as peças disponíveis podem não lhe agradar.

Essa lógica explica o motivo pelo qual é praticamente impossível vender todo o estoque de um produto de moda sem promoções. A não ser, claro, que a demanda tenha sido muito maior que a oferta — o que provavelmente fez com que a marca tenha perdido várias vendas.

> "Na moda, é praticamente impossível a venda de todo um estoque sem a realização de promoções, pois, a partir de um certo ponto, o estoque fica desfalcado. Com isso, é muito menos provável que o cliente encontre exatamente o modelo, cor e tamanho que deseja. Em compensação, as peças disponíveis começam a sobrar."

Além disso, o ciclo de produção de um lote de peças não é tão rápido a ponto de ser viável a reposição de um mesmo modelo ainda dentro da coleção. Senão, poderíamos produzir uma quantidade pequena e ir repondo apenas as cores e os tamanhos desfalcados[4].

  iv. Alto custo mercadológico dos pontos de venda.

Os custos mercadológicos de se manter uma loja em um bom ponto comercial são altos, assim como também é caro manter um bom fluxo de visitantes em um *e-commerce*. Assim, é importante que uma loja tenha um bom desempenho de vendas, tanto em volume quanto em margem.

Ou seja, produtos com grades desfalcadas têm baixa probabilidade de vendas, e peças em promoção não têm boas margens. Por isso não é interessante manter esses produtos ocupando espaço em loja (ou *pixels* no *e-commerce*), tirando a atenção de peças que possam ter um desempenho melhor.

Desse modo, a tendência é que as empresas concentrem as promoções em alguns poucos meses e depois direcionem os produtos residuais para *outlets*, para áreas específicas das lojas com menor destaque, ou para abas separadas em seus *e-commerces*.

---

[4] Em alguns casos, é possível repor modelos, mas isso depende da estrutura de suprimentos que a empresa desenvolveu e do ciclo de vida do produto na loja. Por exemplo, para modelos mais atemporais e comerciais, pode ser viável a reposição e a redução do "desperdício" de margem por conta dos descontos.

Então, combinando todos esses fatores, uma maneira de fazer os produtos girarem na loja é a organização dos lançamentos em coleções, com períodos intermediários de liquidação.

Assim, as peças a serem lançadas ficam organizadas em uma linguagem coerente que é mantida durante um período, até que comecem a ter seu estoque desfalcado. Então, são iniciados os períodos de liquidação, nos quais é o preço que passa a atrair o consumidor em vez do apelo estético. Nesse período, espera-se vender boa parte das peças restantes para gerar capital de giro e liberar o espaço para o início de um novo ciclo (Figura 5).

FIGURA 5 **CICLO DE LANÇAMENTOS E PROMOÇÕES NO MERCADO DE MODA**

Fonte: a autora

Dessa forma, a "fronteira" entre o fim da promoção da coleção anterior e a virada para uma nova coleção foi estabelecida de maneira comum em todo o mercado, alinhando as expectativas dos clientes e os sistemas de trabalho das marcas.

2.1 *Fast fashion* versus *slow fashion*

Nos últimos anos, muito vem se discutindo sobre modelos de negócios que se oponham a essa obsolescência da moda, em especial por conta do modelo de *fast fashion*.

O **fast fashion** é uma abordagem dentro da qual as empresas procuram a redução do tempo decorrido entre o desenvolvimento de produtos e o lançamento nas lojas, utilizando como base as informações já validadas de tendências e de consumo para definir os modelos que serão comercializados.

Algumas características do **fast fashion** são:

- produtos desenvolvidos com base em tendências validadas;

- alta velocidade de desenvolvimento de produtos (criação, modelagem, pilotagem e aprovação);

- alta velocidade de produção e logística, reduzindo o *lead time* entre a aprovação do produto e a disponibilização ao consumidor final.

O termo foi cunhado pela imprensa para descrever as práticas da Zara, na década de 1990. A empresa criou sistemas de desenvolvimento de produtos, produção e logística para apresentar ao mercado peças muito similares às apresentadas por grandes marcas, logo após os seus lançamentos.

Essa maneira de atuação estava muito de acordo com a demanda cada vez mais acelerada dos consumidores por novidades. A aceleração da troca de informações pela internet e a nova forma de comunicação que veio com as redes sociais intensificaram essa tendência.

Magazines que antes vendiam peças com muito menos informação de moda rapidamente adaptaram seus departamentos de produto e seus sistemas logísticos para aderir ao modelo de *fast fashion*.

> O **fast fashion** é uma abordagem dentro da qual as empresas procuram a redução do tempo decorrido entre o desenvolvimento de produtos e o lançamento nas lojas, utilizando como base as informações já validadas de tendências e de consumo para definir os modelos que serão comercializados.

Com as redes sociais, as marcas precisam criar cada vez mais conteúdo para atrair o público, e esse movimento também cria a necessidade de lançar produtos com mais frequência. Isso não quer dizer, necessariamente, que são lançados mais produtos, já que a mesma quantidade de peças pode ser organizada em grupos menores que são lançados um por vez, espalhando-se ao longo de alguns meses.

Vale notar que essa abordagem não é adotada apenas pelas empresas de moda acessível, mas também pelas grifes.

Muitas vezes, o *fast fashion* é associado a modelos "perecíveis", ou seja, com uma informação de moda que rapidamente se torna obsoleta e perde o desejo de consumo. Porém, essa é uma característica que não está necessariamente presente.

Da mesma maneira, pode-se associar o termo à baixa qualidade de produtos, o que também não é uma regra. Antes da existência do *fast fashion*, a qualidade média dos produtos de magazines populares era bem inferior à atual. O desenvolvimento tecnológico e a melhoria da comunicação entre os varejistas e seus fornecedores provocaram um relativo aumento da qualidade média dos produtos nessas redes nas últimas décadas.

Em contraposição ao *fast fashion*, começou a surgir o movimento do **slow fashion**. Algumas de suas características principais seriam:

· não seguir o ritmo de lançamentos e promoções tradicional do mercado, trabalhando com produtos mais atemporais;

· priorizar produtores locais;

· dar mais atenção às pessoas que aplicaram seu trabalho na confecção dos produtos, valorizando relações justas do ponto de vista social;

· trabalhar com lotes menores de produção.

O que se observa é que existe uma série de abordagens mistas.

"Muitas marcas que atuam no calendário regular da moda têm linhas de produtos atemporais, que não participam das liquidações e que recebem reposição. Por outro lado, mesmo marcas com a abordagem de slow fashion eventualmente precisam fazer promoções, pois acabam acumulando estoque de alguns modelos, cores e tamanhos.

2.2 Calendário do varejo de moda

Conforme o calendário do varejo, cada empresa de moda desenvolve seus cronogramas de desenvolvimento de produtos, lançamentos e liquidações, considerando seus canais de distribuição e as condições específicas de seu sistema de suprimentos.

Para atender ao calendário do varejo, as confecções precisam produzir e entregar seus produtos, e as vendas de atacado precisam acontecer com determinada antecedência. Da mesma maneira, as empresas precisam se preparar anteriormente, desenvolvendo produtos, comprando materiais e importando peças prontas (Figura 6).

FIGURA 6 **CALENDÁRIO DE MODA**

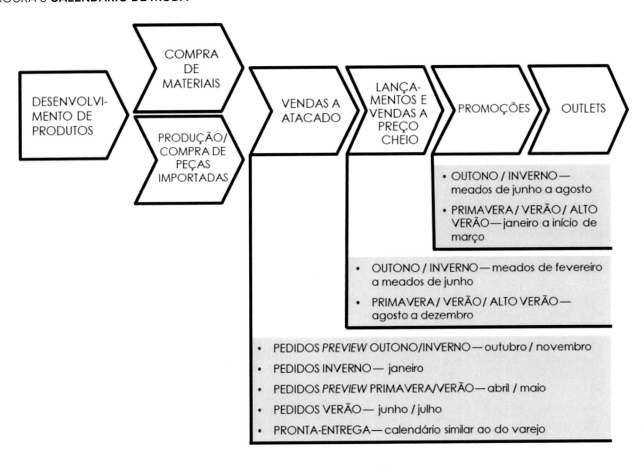

Fonte: a autora

Com toda essa cadeia de eventos e a sua necessidade de antecipação, na prática, uma empresa de moda costuma estar sempre atuando com uma sobreposição de coleções. Enquanto uma coleção está à venda nas lojas, uma próxima já está em produção e há ainda mais uma anterior em fase de desenvolvimento (Figura 7).

FIGURA 7 **SOBREPOSIÇÃO DAS DIFERENTES FASES DAS COLEÇÕES NAS EMPRESAS DE MODA**

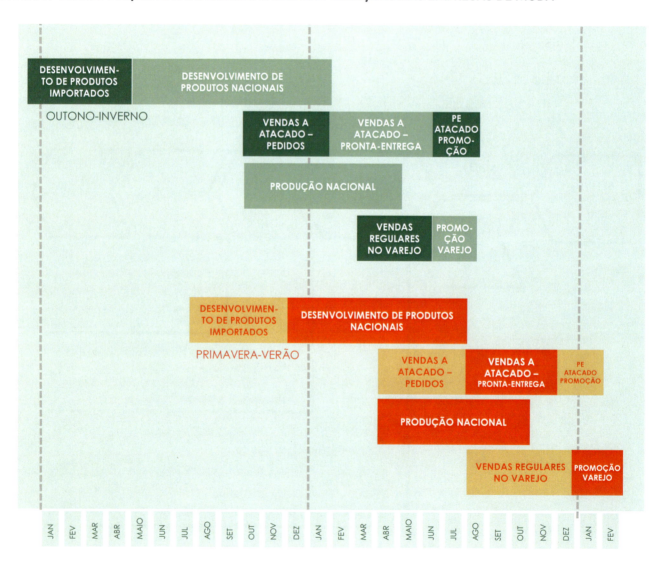

Fonte: a autora

É possível observar, nesse exemplo de cronograma, que o desenvolvimento de produtos é apresentado com um prazo relativamente longo. Não necessariamente todos os produtos demoram tanto para serem desenvolvidos, mas, conforme o modelo de suprimentos (assunto que será detalhado no capítulo 6), alguns produtos podem precisar ser desenvolvidos com muita antecedência. Além disso, o prazo de desenvolvimento de produtos também é impactado pela pesquisa de tendências e materiais, que tende a começar bem antes do lançamento dos produtos nas lojas.

Em geral, produtos que serão importados por transporte marítimo precisam ser desenvolvidos e comprados com maior antecedência para considerar o tempo em trânsito e em desembaraço aduaneiro. Além disso, produtos de fabricação mais complexa também tendem a precisar de um tempo maior.

Em contrapartida, modelos simples e com produção local podem ser desenvolvidos ou terem suas ordens de produção emitidas em um momento bem mais próximo ao lançamento em loja.

Conforme apresentado no subcapítulo 2.1, reduzir o intervalo temporal entre o momento da criação dos produtos e disponibilização para venda nos clientes finais pode ser um forte diferencial competitivo por reduzir o risco de que os modelos criados fiquem defasados dos desejos de consumo.

3 CANAIS DE VENDAS DE MODA: VAREJO E ATACADO

Os canais de vendas podem ser divididos em dois tipos:

- varejo ou B2C (*Business to Consumer*), quando se vende diretamente para o consumidor final;

- atacado ou B2B (*Business to Business*), quando se vende para outra empresa, que revenderá para o consumidor final.

A venda de produtos de moda ao consumidor final é realizada por meio de diversos canais, com diferentes modelos de negócios. É comum que uma mesma marca decida atuar em diferentes frentes, de maneira a contemplar o consumidor de forma mais ampla e múltipla.

Podemos destacar alguns formatos comuns de atuação, distinguindo ambientes físicos e digitais que, muitas vezes, se complementam, como mostra a Figura 8.

FIGURA 8 **MODELOS DE NEGÓCIOS NO VAREJO DE MODA**

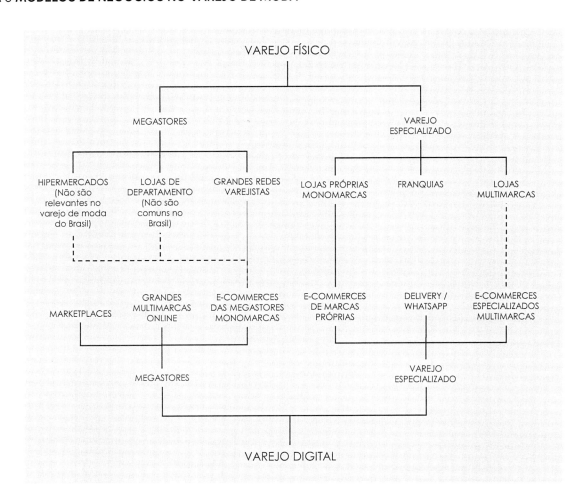

Fonte: a autora

O grupo das ***megastores*** centradas no ambiente físico é formado por empresas que, em geral, têm algumas das seguintes características:

- lojas próprias;
- muitas categorias de produtos (roupas, acessórios, calçados, roupa de praia, *underwear* etc.);
- a principal estratégia de expansão é abrir novas lojas ou novas categorias de produtos;
- grandes metragens (> 200 m^2);
- preços acessíveis;
- alto volume de vendas; e
- autoatendimento.

Em geral, são varejistas que nasceram fortes no varejo físico de roupas e evoluíram para uma abordagem de maior informação de moda. No Brasil, não temos tanta tradição em lojas de departamento nem em compras de roupas nos grandes hipermercados. Porém, temos empresas nacionais dominando o posicionamento de Grandes Redes Varejistas, como é o caso da Renner e da Riachuelo.

No ambiente digital, podemos dizer que o equivalente nesse tipo de posicionamento são os **Grandes *E-Commerces* Multimarcas** e os **Grandes *Marketplaces*** de moda (Figura 10).

As principais características deles são:

- grande quantidade de marcas;

- muitas categorias de produtos (roupas, acessórios, calçados, roupa de praia, *underwear* etc.);

- alto investimento em conteúdo e mídia de performance;

- estruturas robustas de tecnologia e atendimento ao cliente; e,

- no modelo multimarca, grandes centros de distribuição e importância estratégica da gestão de estoques e logística de entrega.

Quanto ao grupo do **varejo especializado**, temos empresas com um foco mais específico e um mix de produtos voltado para um público menos amplo. Dentre os diversos modelos de atuação, destacam-se o que podemos chamar de **monomarcas**, que envolvem a utilização de canais exclusivamente para uma marca, como uma grife.

As principais características desse grupo são:

- múltiplos canais de vendas;

- algumas categorias de produtos;

- a principal estratégia de expansão é abrir novos canais;

- lojas com metragens menores (< 200 m^2);

- atendem a nichos mais específicos de consumidores; e

- atendimento personalizado.

> **É** importante que a empresa tenha muita responsabilidade ao definir sua estratégia de crescimento por meio do modelo de franquias, pois, se o franqueado não tiver sucesso, as consequências terão impacto também na marca.

As marcas reconhecidas costumam ter sua própria rede de lojas e, eventualmente, também atuar com o modelo de franquias.

Franquia é um modelo de negócios no qual a marca cede o direito de uso de seu nome a outra empresa para a comercialização de seus produtos, mediante o cumprimento de uma série de regras. Nesse caso, a loja franqueada pertence a outro proprietário e funciona como um revendedor da marca. Em geral, compra os produtos a preço de atacado da marca e revende pelo preço de varejo. Todas as despesas da loja são de responsabilidade do franqueado (aluguel, funcionários, decoração etc.).

Porém, em geral, a marca franqueadora é responsável por fornecer conhecimentos importantes para que a loja franqueada tenha bons resultados — o que, em geral, é realizado por meio de manuais e treinamentos[5].

O modelo de franquias é muito utilizado para permitir o crescimento da marca com menos investimento. Isso porque, em geral, os acordos são firmados de forma que o investimento em aquisição de ponto, locação do imóvel, reforma e aquisição de equipamentos fica sob responsabilidade do franqueado. A marca fica apenas com o investimento necessário para aumento de capital de giro, já que precisará aumentar sua produção para abastecer mais lojas.

Porém, é importante que a empresa tenha muita responsabilidade ao definir sua estratégia de crescimento por meio do modelo de franquias, pois, se o franqueado não tiver sucesso, as consequências terão impacto também na marca.

Isso acontece por dois principais motivos:

- a loja franqueada pode se deteriorar em aparência, atendimento ou qualidade do mix de produtos ofertados (desfalque de estoque), impactando negativamente a imagem da marca como um todo diante do consumidor final;

- a loja franqueada pode ter dificuldades de honrar seus compromissos financeiros com a franqueadora, deixando de pagar pelos produtos que comprou da marca.

Além das franquias, um modelo muito comum de atuação nas regiões com potencial de vendas insuficiente para justificar a instalação de uma loja monomarca é a venda por meio de **lojas multimarcas**.

Essas lojas trabalham com várias marcas diferentes, muitas delas que também têm suas próprias redes de varejo monomarca, e outras são marcas que vendem apenas a atacado, dependendo das multimarcas para que os produtos cheguem ao consumidor final.

> **C**apilaridade é a capacidade da empresa de fazer com que seus produtos cheguem a diferentes regiões e diferentes mercados.

---

[5] Franqueadora: empresa proprietária da marca ("empresa-mãe"), responsável por definir as regras de funcionamento das suas franquias, bem como fornecer produtos e conhecimentos necessários para que a franqueada opere adequadamente.
Franqueada: empresa que adquire o direito de usar a marca para operar o varejo em si.

As multimarcas são similares às do varejo especializado em geral, mas elas têm algumas características específicas, pois:

- compõem seu mix de produtos com itens de diversas marcas;

- compram produtos mediante pedido ou pronta-entrega;

- em geral, são lojas únicas ou redes de poucas lojas;

- muitas vezes, estão em pontos que não são acessados pelas grandes redes de moda;

- diferenciam-se e fidelizam pela curadoria de produtos e atendimento personalizado.

- têm dificuldade em atuar com *e-commerce* próprio pela competição com *e-commerce* das marcas e com os Grandes *E-Commerces* e Grandes *Marketplaces* de Moda.

Vale notar que os formatos de atuação no varejo apresentam algumas características diferentes entre si, que correspondem a vantagens estratégicas específicas para a marca. Alguns podem ser importantes pela rentabilidade, outros pela visibilidade e posicionamento, e, ainda, outros pela capilaridade.

Os formatos de atuação no varejo apresentam algumas características diferentes entre si, que correspondem a vantagens estratégicas específicas para a marca. Alguns podem ser importantes pela rentabilidade, outros pela visibilidade e posicionamento, e, ainda, outros pela capilaridade.

> "
>
> Os formatos de atuação no varejo apresentam algumas características diferentes entre si, que correspondem a vantagens estratégicas específicas para a marca. Alguns podem ser importantes pela rentabilidade, outros pela visibilidade e posicionamento, e, ainda, outros pela capilaridade.

Em especial, no Brasil, pela amplitude de seu território e diversidade das características das diferentes regiões, a capilaridade é um grande desafio e pode representar uma grande oportunidade. Observa-se que grandes marcas podem chegar a ter a maioria de suas vendas acontecendo por intermédio das multimarcas, mesmo que sua rede própria seja bem representativa.

Para muitas marcas que atuam apenas no varejo, é comum ter dúvida quanto ao momento adequado de abrir também canais de atacado. Um ponto a se considerar nesses casos é que o preço final de venda ao consumidor final deve ser mantido. Portanto, ao abrir canais de atacado, é necessário ter uma margem suficiente para vender parte das peças a valor de atacado e ainda sobrar margem para dar resultados para a marca.

FIGURA 9 **MARKUP** AO LONGO DOS CANAIS DE VENDAS DE ATACADO E VAREJO

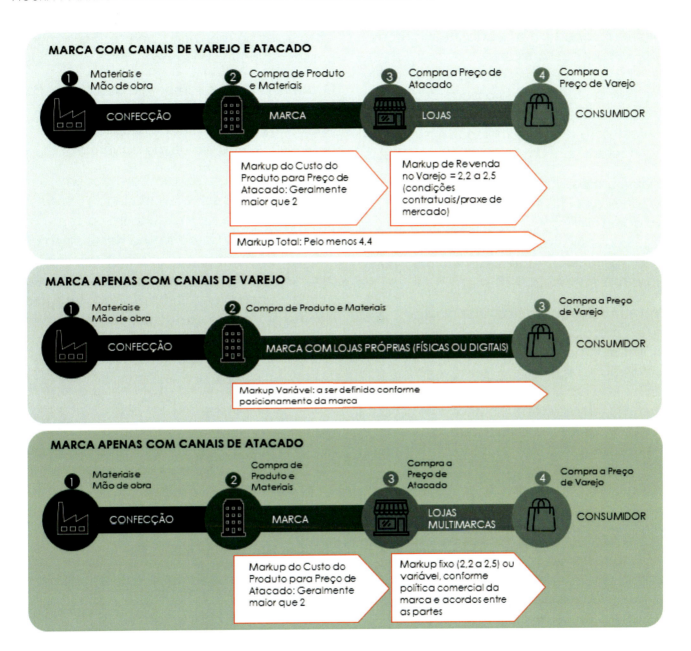

Fonte: a autora

Na Figura 9, estão ilustradas três situações. A primeira é a situação de uma marca que atua tanto com canais de atacado (multimarcas e franquias) quanto com canais de varejo próprio. Nesse caso, o *markup* mínimo total é em torno de 4,4 do custo do produto pago pela marca até o preço de venda ao consumidor final. Isso acontece porque as multimarcas e franquias em geral operam com um *markup* mínimo de 2,2.

Imagine um produto que a marca deseja que seja vendido por R$ 440 para o consumidor final. Para que a loja franqueada ou de multimarcas venda com esse preço — a um *markup* de 2,2 —, ela precisa ter comprado o produto da marca por, no máximo, R$ 200.

O *markup* interno na marca entre o custo do produto e o preço de atacado é algo extremamente variável, até mesmo entre produtos diferentes da mesma marca. Porém, pode-se dizer que dificilmente será menor que 2. Nesse caso, essa marca do exemplo teria comprado o produto dos fornecedores (produto acabado ou a soma de materiais e mão de obra) pelo valor de R$ 100. Ou seja, o *markup* mínimo desse ciclo entre o custo pago pela marca e o preço de vendas para o consumidor final foi de 4,4.

Uma marca que atua apenas no varejo não tem essa restrição do *markup* mínimo de 4,4. É comum que marcas pequenas, nascidas no varejo sem canais de atacado, consigam otimizar suas operações e ter resultados satisfatórios mesmo com *markups* menores. Por isso, ao considerarem ampliar sua estratégia para abraçar o atacado, tendem a não viabilizar na faixa de preço vigente. É necessário, então, realizar uma transição gradual de aumento de preços e de percepção de valor pelos clientes, por meio de estratégias de marketing, para posteriormente passar a atuar no atacado.

O caminho inverso também é desafiador, pois marcas que atuam apenas no atacado também precisam desenvolver habilidades específicas necessárias para a atuação do varejo.

De maneira análoga, também podem surgir questionamentos sobre a viabilidade e o interesse de uma marca passar a atuar em parceria com *marketplaces* de venda on-line. Nesse sistema, o estoque permanece com a marca, e o *marketplace* oferece os produtos acessando o estoque da marca. Quando vendas são realizadas, a marca envia os produtos para o consumidor final e paga uma taxa para remunerar o *marketplace* pelos serviços de marketing e vendas.

Essa taxa pode variar muito entre diferentes *marketplaces* e funciona como uma comissão: é um percentual aplicado sobre o valor de venda bruto do produto para o cliente final. Por isso, a marca também precisa ser cuidadosa para avaliar se a margem resultante após a subtração da taxa do *marketplace* ainda é suficiente para gerar rentabilidade.

Essa avaliação precisa ser combinada com a análise das outras vantagens de trabalhar em parceria com cada marketplace, como os benefícios de imagem para a marca, a ampliação dos canais de vendas e acesso a novos clientes. Esses benefícios podem ser diferentes, dependendo do posicionamento e da maneira de atuação de cada *marketplace*.

4 "OMNICANALIDADE" E A INTEGRAÇÃO FÍSICO-DIGITAL

Atualmente, a tendência do varejo é a busca pela integração entre os ambientes físicos e digitais de venda, com o objetivo de atender ao cliente da maneira que lhe for mais conveniente, em um conceito que chamamos de *omnichannel*, ou "omnicanal".

Omnichannel é um conceito dentro do qual o cliente pode transitar entre os diversos canais de vendas e relacionamento de uma marca e ter uma experiência fluida e coerente

Ou seja, se comprar um produto pela internet e retirar em uma loja física, terá um tratamento que corresponda às expectativas geradas pela experiência on-line e vice-versa.

Outra situação que ilustra esse conceito seria uma na qual o cliente entra em contato com a marca por uma rede social para discutir uma troca de um produto. Em um *omnichannel* bem implantado, o cliente terá a mesma qualidade de resposta que no site ou na loja.

O conceito parece simples, mas a execução é realmente desafiadora. Um primeiro desafio é a comunicação da marca com seu público, que, por um lado, precisa ser coerente em todos os canais, e, por outro, adaptar-se para a formalidade que cada canal exige. A maioria das empresas destina grande atenção a essa frente, pois envolve a reputação pública da marca, buscando a excelência por meio de procedimentos e treinamento de equipes.

FIGURA 10 **"OMNICANALIDADE" OU ATUAÇÃO** *OMNICHANNEL*

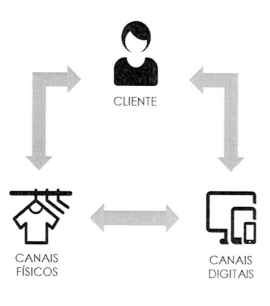

Abordagem **coerente** e **fluida** em todos os pontos de contato do cliente com a marca, sejam eles:

- Canais de venda, de comunicação, de relacionamento ou de distribuição;
- Físicos ou digitais;
- Próprios ou gerenciados por terceiros.

Fonte: a autora

Quando migramos para os desafios relacionados aos modelos de negócios, além de unificação de políticas de preços em todos os canais, a empresa também precisa desenvolver sistemas logísticos com excelente integração dos estoques.

Para atender a esse conceito, os processos e os sistemas tecnológicos precisam ser reprojetados, e ainda existem desafios importantes no campo fiscal.

Com tudo isso, para empresas menores, o desafio de unificação de preços e integração logística pode até ser menor. Isso porque empresas maiores tendem a ter uma grande variedade de canais de vendas, alguns próprios e outros de terceiros (como é o caso das franquias e das multimarcas). Ou seja, é necessário conciliar diversos interesses e fazer as informações transitarem por muito mais ambientes.

A importância da atuação *omni* é crescente há anos, na medida em que nos acostumamos a transitar entre ambientes físicos e digitais em nossa rotina. Por exemplo, é comum que, ao assistir a uma palestra em um ambiente físico, consultemos o nosso celular para conhecer mais a fundo um termo citado pelo palestrante, ou seguir na rede social alguma página por ele indicada. Também acontece, por exemplo, de estarmos conversando com um amigo e, ao nos lembrarmos de um contato em comum, abrirmos o aplicativo de mensagens para incluir virtualmente a terceira parte na conversa.

Por conta dessa integração, o ambiente virtual torna-se uma espécie de extensão de nossa vivência física e vice-versa. E, dessa forma, quando uma marca não nos proporciona a experiência integrada, notamos essa fronteira como algo inesperado e indesejado.

Essa tendência se tornou ainda mais evidente com a pandemia de Covid-19. Por tudo isso, apesar de todos os desafios, buscar uma atuação *omnichannel* é uma questão de sobrevivência.

> *Omnichannel* é um conceito dentro do qual o cliente pode transitar entre os diversos canais de vendas e relacionamento de uma marca e ter uma experiência fluida e coerente.

5 CONFECÇÃO DE ROUPAS E SEUS PROCESSOS DE PRODUÇÃO

A confecção de roupas envolve, principalmente, sete etapas: ampliação; encaixe e risco; enfesto e corte; separação; costura; arremate e "passadoria".

A **ampliação** é o processo no qual o molde de um produto aprovado passa pela gradação de seus aumentos ou reduções de medidas para formar os moldes dos vários tamanhos que serão produzidos.

Se um produto é provado e ajustado em cima de uma modelo de prova de tamanho 38, seu molde precisa passar pela ampliação para que seja traduzido para as medidas dos outros tamanhos, como 36, 40, 42 etc. Essa ampliação segue algumas regras, tal como o aumento de 4 cm na circunferência da cintura, do busto e do quadril. Cada parte do molde do produto segue regras específicas — tamanhos de gola, comprimento de manga, e assim por diante (Figura 12).

FIGURA 11 **ETAPAS DO PROCESSO PRODUTIVO NA CONFECÇÃO DE ROUPAS**

A produção de roupas acontece em lotes até a etapa da separação.

Na separação, os lotes são organizados em kits para serem montados na costura. Desta etapa em diante as peças são manuseadas individualmente.

Esse é um dos motivos da intensidade de aplicação de mão-de-obra na indústria da moda.

Fonte: a autora

As marcas podem ainda definir suas próprias regras de ampliação, quando desejam conferir ao produto certa especificidade. Porém, é interessante que tenham coerência com os padrões de mercado.

FIGURA 12 **EXEMPLO DE AMPLIAÇÃO NO SOFTWARE DA AUDACES**

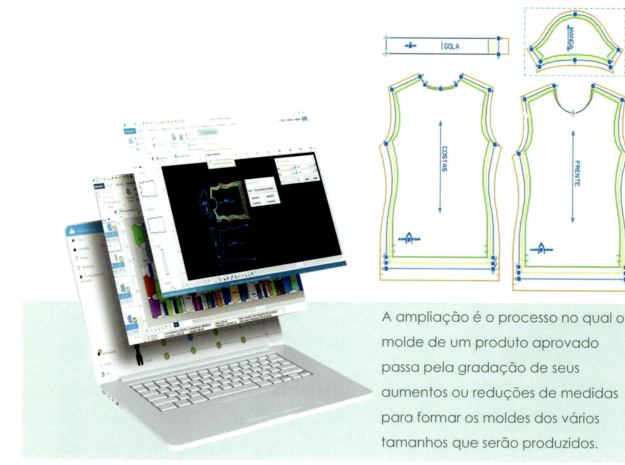

A ampliação é o processo no qual o molde de um produto aprovado passa pela gradação de seus aumentos ou reduções de medidas para formar os moldes dos vários tamanhos que serão produzidos.

*Imagem cedida pela organização.

Fonte: Audaces (2022)

O conjunto de técnicas de modelagem e ampliação é uma parte importante do diferencial dos produtos para as marcas, pois proporcionam o melhor caimento dos produtos no corpo dos clientes.

Com base nesses moldes ampliados, é possível realizar o **encaixe**, que é o processo no qual as partes da peça definidas no molde são organizadas ao longo da medida da largura do tecido e comprimento da mesa de corte para otimizar o aproveitamento do tecido.

No caso de uma camiseta simples, por exemplo, o molde seria composto por cinco partes de tecido: frente, costas, duas mangas e o acabamento da gola. No encaixe, essas cinco partes seriam organizadas de maneira a economizar o máximo de tecido possível, respeitando as restrições do modelo[6].

O encaixe também considera a quantidade de peças que será produzida em cada tamanho (grade de produção). Por exemplo, em uma produção de camisetas composta por 100 peças de tamanho P; 100 peças de tamanho M; e 50 peças de tamanho G, a proporção seria 2P / 2M / 1G. Nesse caso, o encaixe já deverá contemplar as partes dessa base de proporção, de forma que, ao cortar 50 camadas de tecido, será obtida a totalidade da produção na quantidade desejada de cada tamanho.

FIGURA 13 **EXEMPLO DE ENCAIXE EM SOFTWARE DA AUDACES**

O encaixe o processo no qual as partes da peça definidas no molde são organizadas ao longo da medida da largura do tecido e do comprimento da mesa de corte para otimizar o aproveitamento do tecido.

Fonte: Audaces (2022)

A Figura 13 apresenta o encaixe de uma blusa realizado por meio do software da Audaces. Nessa imagem, cada tamanho é representado por uma cor, e é possível ver o encaixe de uma blusa que será produzida em três tamanhos — P, M e G. Nesse caso, o corte que será realizado com esse encaixe contará com a mesma quantidade de peças P, M e G, já que a proporção do encaixe é igual para as partes de molde dos três tamanhos.

Pelo encaixe, é realizado um **risco** sobre o papel dessas partes do molde, que servirá de referência para o corte do tecido.

As etapas de ampliação, encaixe e risco costumam ser realizadas por softwares especializados, conectados a impressoras do tipo *plotter*. Em geral, o próprio molde inicial já é desenvolvido nesses softwares, que permitem que sejam arquivados, ajustados e reaproveitados para servir de base para novos modelos no futuro.

Assim, tendo o risco em mãos, antes de cortar, é realizado o processo de **enfesto**, que corresponde a dispor as camadas de tecidos, conforme quantidade e cores a serem produzidas. Essas camadas devem ser planificadas com cuidado e são intercaladas com camadas de papel. O enfesto pode ser realizado manualmente ou com equipamentos que são acoplados à mesa de corte.

O número de camadas de tecido depende da quantidade que se deseja produzir e dos limites impostos pela tecnologia a ser aplicada no **corte**. Algumas empresas detêm equipamentos de corte totalmente automatizados, mas ainda é relativamente comum que esta seja uma etapa realizada por um operador com sua máquina de corte.

Após o corte, é necessário que o conjunto de partes que corresponde a determinado modelo, cor e tamanho seja colocado junto a itens utilizados na costura, como linhas e zíperes — em uma etapa que chamamos de **separação**.

Nessa etapa, pode também ser necessário que algumas partes cortadas recebam marcações de orientação para a costura, em geral para orientar a realização de pregas, pences, franzidos e encaixes entre diferentes partes do produto. Além disso, também são aplicadas etiquetas que ajudem às costureiras na diferenciação do lado direito e do avesso.

Os pacotes de cada modelo e tamanho organizados separadamente favorecem que as peças sejam enviadas para a costura de maneira a não gerar erros de montagem de partes de tamanhos diferentes serem costuradas umas com as outras.

Na **costura**, também chamada de montagem, as diversas partes da peça são enviadas para uma estação ou uma célula de costura onde serão processadas. Essa etapa é intensiva em mão de obra, geralmente correspondendo a aproximadamente 60% a 80% do tempo da produção de uma peça.

A montagem da peça passa por uma série de processos que obedecem a uma ordem específica, que pode ser diferente para cada modelo, e requer operações em máquinas diferentes, como as máquinas reta, "galoneira" e de overloque.

Após a costura, a peça está pronta para ir para o **acabamento**, etapa na qual são aplicados botões, realizadas casinhas, pregadas plaquinhas de marca e outros tipos de processos de finalização que precisam ser realizados sobre a peça pronta. Além disso, no acabamento, também é realizada a retirada de sobras de fios e rebarbas de tecido, deixando seu aspecto mais limpo.

E, finalmente, é realizada a "**passadoria**" das peças prontas, em um processo industrial — que difere da "passadoria" caseira pelo equipamento e pela precisão. A peça é alisada, são feitos os vincos, e a dobragem quando necessário, preparando a peça para a embalagem e expedição.

As primeiras etapas do processo de fabricação de roupas acontecem em lote. A ampliação, encaixe, risco, enfesto e corte são realizados uma só vez para cada lote de produção.

A consequência disso é que o aumento do tempo de realização desses processos para lotes pequenos, como os de 50 peças, para lotes grandes, como os de 5 mil peças, não é proporcional, gerando o que chamamos de **ganhos de escala**. Isso quer dizer que lotes maiores terão tempos de produção muito menores, o que impacta a redução de custos.

Já para as etapas de costura, acabamento e "passadoria", os processos são mais intensivos em mão de obra e as peças são manuseadas individualmente, mesmo que agrupadas em lotes.

Ainda existem economias de escala para lotes maiores, pois existe uma **curva de aprendizado** para cada produto e a tendência é que um costureiro consiga melhorar a produtividade em situações nas quais:

- o trabalho é organizado em lotes direcionados para uma célula de produção, com certa especialização de cada atividade;

- há uma redução de tempos perdidos, como de preparação e ajuste de máquina, o que chamamos de *set up*;

- aquisição de prática/habilidade em determinado modelo após a realização das primeiras peças do lote, permitindo que seja melhorado o tempo de produção.

Mesmo assim, os ganhos de escala nas etapas manuais são muito menores do que aqueles das etapas realizadas em lote.

De forma geral, a produção do vestuário é conhecida por ser uma das menos automatizadas e mais intensivas em mão de obra em relação a diversos outros setores.

Podemos dizer que a principal exceção a essa regra é o processo de produção de alguns tipos de peças de malha, que são confeccionadas por equipamentos que produzem a peça pronta conforme o fio.

Em geral, quanto maior a diferenciação e exclusividade e menor o volume de produção, maior tende a ser a parcela intensiva em mão de obra. A produção de jeans, por exemplo, já conta com uma automação maior para processos que se repetem em todos os produtos, como cós, etiquetas e bolsos.

Essas características tornam o vestuário um setor que gera muitos empregos, mas, por outro lado, também o tornam alvo de busca incessante pela redução de custos. Essa busca pode trazer duas consequências perigosas:

- a precarização nas relações de trabalho e até situações de trabalho análogo à escravidão;

- o excesso de dependência de importação de produtos provenientes de países com menor custo de mão de obra, os países do Leste Asiático. Essa dependência deixa as empresas vulneráveis quando ocorrem situações de variação cambial ou crises globais, como a que estamos vivendo.

Dessa forma, diferentemente da relação das empresas que atuam como Administradoras de Marcas e o Varejo, que envolve, muitas vezes, a absorção dos canais de vendas para dentro da própria empresa, no caso da fabricação, é muito raro, hoje em dia, que as marcas absorvam as etapas produtivas.

6 MODELOS DE SUPRIMENTOS E GESTÃO DE FORNECEDORES

Conforme exploramos no capítulo 5, é comum que as marcas terceirizem suas produções para empresas subcontratadas, em vez de desenvolverem departamentos industriais próprios. Essa tendência à terceirização na cadeia de valor de moda se deve a três principais fatores:

i. Cadeia intensiva em mão de obra: aproximadamente 80% do tempo de produção na manufatura está concentrado na etapa da costura (montagem) das peças.

ii. Sazonalidade: a venda do varejo acontece em ciclos, o que gera uma concentração das entregas de produtos das fábricas para as marcas em certos períodos do ano. Lidar com uma produção 100% internalizada pode envolver altos graus de ociosidade em períodos de menor demanda, o que tornaria as operações inviáveis.

iii. Especialização: a variedade de modelos e a característica cíclica da moda pode envolver necessidade de trabalhos diferentes nos fornecedores. Com a fragmentação, essas qualificações especiais podem ser obtidas por subcontratados.

As características de aplicação de mão de obra intensiva, sazonalidade e a especialização da produção no mercado de moda são fatores intrínsecos desse setor que favorecem a fragmentação e a descentralização da cadeia produtiva.

Fragmentação, porque a produção de moda é distribuída em uma grande quantidade de empresas de confecção, cada uma com suas características produtivas. Essas confecções, por sua vez, abastecem diversas marcas diferentes, atenuando a questão da sazonalidade (marcas diferentes podem ter certa diferença de calendário na logística, pois tendem a ter sistemas de distribuição com diferentes complexidades).

Descentralização, porque as confecções tendem a estar distribuídas geograficamente em um amplo território. No Brasil, temos polos regionais de confecção de peças de malha, jeans, tricô, entre outros, porém as marcas nacionais também tendem a importar peças de diversos locais do globo, em especial do Leste Asiático.

Além de gerenciar diversos fornecedores com diferentes especializações em diferentes regiões, as marcas de moda precisam combinar as características e disponibilidades produtivas deles com suas próprias necessidades de abastecimento, levando em conta quais produtos devem ser lançados nas suas lojas, em que momento do ano.

A logística que integra a gestão da produção (interna ou terceirizada) com a necessidade de abastecimento dos diversos canais de distribuição é muito complexa e envolve diferentes formatos, entre os quais podemos distinguir os modelos de produção interna, contratação de facção, compra de produtos semiacabados, compra de produtos acabados (nacionais) e importação de produtos acabados.

FIGURA 14 **MODELOS DE SUPRIMENTOS DAS MARCAS DE MODA**

PRODUÇÃO INTERNA

CONTRATAÇÃO DE FACÇÃO

COMPRA DE PRODUTO SEMIACABADO

COMPRA DE PRODUTO ACABADO (NACIONAL)

IMPORTAÇÃO DE PRODUTO ACABADO

Fonte: a autora

No modelo de **produção interna**, todas as etapas são realizadas pela própria marca, desde o desenvolvimento de produtos, compra de tecidos e aviamentos, produção até a finalização do produto.

FIGURA 15 **PRODUÇÃO INTERNA**

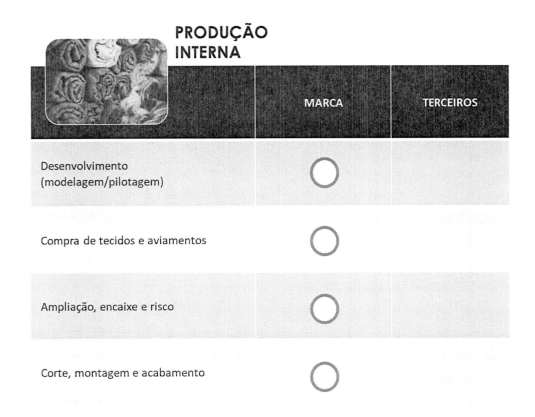

Fonte: a autora

No modelo de **contratação de facção**, a marca ainda se responsabiliza por todo o desenvolvimento e compra de materiais, mas terceiriza as etapas de confecção (ou parte delas). Conforme mencionado no capítulo 5, a etapa da costura é uma das mais intensivas em mão de obra, além de ser uma das etapas de grande especialização, dependendo da linha de produtos. Esse é um dos motivos de ser muito comum a prática de terceirização ou quarteirização dessa etapa para facções.

,FIGURA 16 **CONTRATAÇÃO DE FACÇÕES**

CONTRATAÇÃO DE FACÇÃO

	MARCA	TERCEIROS
Desenvolvimento (modelagem/pilotagem)	○	
Compra de tecidos e aviamentos	○	
Ampliação, encaixe e risco	○	
Corte, montagem e acabamento		○

Fonte: a autora

Esse modelo permite um bom controle da produção em termos de qualidade e eficiência no uso dos materiais, pois a ampliação, p encaixe e o risco são realizados pela marca. Ou seja, a marca consegue controlar o consumo dos materiais, evitando desperdícios.

Além disso, a marca ainda retém o know-how de modelagem — que, quando desenvolvida de maneira próxima ao estilista, pode gerar produtos mais inovadores.

O próximo modelo envolve um grande salto, pois a marca passa para seu fornecedor também a responsabilidade de modelagem e pilotagem, além dos processos de ampliação, encaixe e risco. Esse salto passa a exigir do fornecedor muito mais qualificação, pois terá de entrar em sintonia com a equipe de estilo da marca para traduzir os conceitos dos seus produtos em um molde e em uma peça-piloto.

Esse modelo pode ser chamado de **compra de produto semiacabado**, ou seja, a marca envia parte dos materiais para o fornecedor, que realiza a compra de outros materiais e, com base neles, confecciona o produto. Essa transferência de responsabilidade também envolve a confiança ou a conferência, se o fornecedor está utilizando o material de forma mais eficiente possível.

FIGURA 17 **COMPRA DE PRODUTO SEMIACABADO**

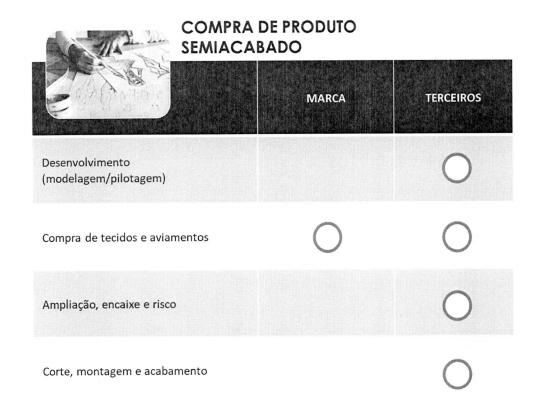

Fonte: a autora

Um passo adicional é o fornecedor comprar todos os materiais principais, deixando a cargo da marca apenas alguns aviamentos personalizados. Estes são **fornecedores de produto acabado**.

FIGURA 18 **FORNECEDORES DE PRODUTOS ACABADOS**

COMPRA DE PRODUTO ACABADO (NACIONAL)

	MARCA	TERCEIROS
Desenvolvimento (modelagem/pilotagem)		◯
Compra de tecidos e aviamentos	Em alguns casos, a marca fornece aviamentos personalizados ◯	◯
Ampliação, encaixe e risco		◯
Corte, montagem e acabamento		◯

Fonte: a autora

A principal diferença em comparação com o modelo anterior é que o fornecedor precisa ter uma estrutura financeira mais robusta, pois terá de financiar não apenas a mão de obra de produção, mas também o ciclo financeiro de todos os materiais.

Isso acontece porque os tecidos precisam ser comprados com antecedência, e provavelmente terão de ser pagos pelo fornecedor muito antes de receber os pagamentos das marcas pela produção.

Uma variação do modelo de fornecimento de produto acabado é a **importação de produtos acabados**. Nesse caso, o que muda é o fato de a marca ter de lidar com os trâmites burocráticos e logísticos de importação, o que muitas vezes representa a necessidade de uma maior antecedência de planejamento para que os produtos cheguem na hora certa ao abastecimento do varejo.

FIGURA 19 **IMPORTAÇÃO DE PRODUTOS ACABADOS**

IMPORTAÇÃO DE PRODUTO ACABADO

	MARCA	TERCEIROS
Desenvolvimento (modelagem/pilotagem)		○
Compra de tecidos e aviamentos		○
Ampliação, encaixe e risco		○
Corte, montagem e acabamento		○

Fonte: a autora

Fora esses modelos de suprimentos apresentados, é possível que as empresas desenvolvam outras variações, dada a complexidade da cadeia de produção e as várias possíveis demandas das marcas e características de seus fornecedores.

Além disso, também é importante observar que uma mesma marca tende a desenvolver vários modelos de suprimentos ao mesmo tempo. Por exemplo, é comum que utilize fornecedores de produtos acabados para algumas linhas de produtos, de facção para outras, e assim por diante. A avaliação sobre qual sistema será utilizado depende das diferentes capacitações dos fornecedores que a marca foi capaz de captar e de suas negociações de preço.

Adicionalmente, a cadeia de valor de moda é marcada pela cadeia de terceirizações sobrepostas. Ou seja, um terceirizado que abastece uma marca no formato de produtos acabados pode, por sua vez, subcontratar a costura de facções "quarteirizadas". Essa é uma das razões de ser tão desafiadora a **rastreabilidade** da produção nesse setor.

Rastreabilidade é a capacidade de se localizar determinado produto em qualquer ponto de sua cadeia produtiva. Porém, uma vez que os subcontratados podem terceirizar parte da produção, o processo fica cada vez mais distante do controle da marca.

Dessa forma, os "quarteirizados" podem ter menos compromisso com as regras estabelecidas pelas marcas e buscar mão de obra mais barata, abrindo espaço para práticas de produção menos justas do ponto de vista social e para a precarização do trabalho.

FIGURA 20 **TERCEIRIZAÇÃO NA CADEIA DO VESTUÁRIO**

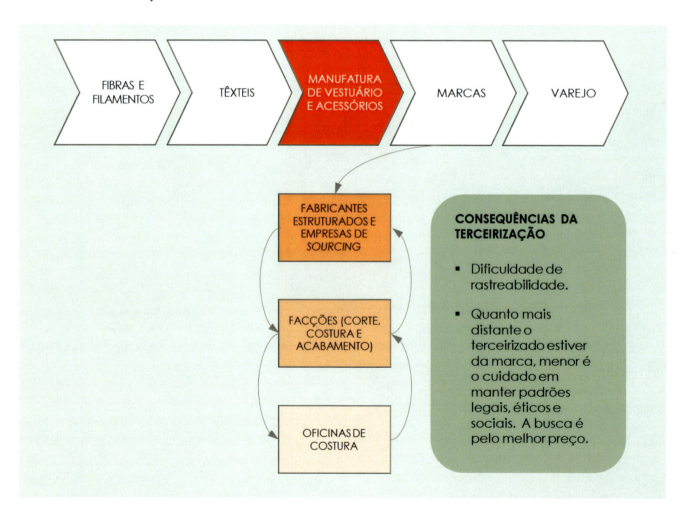

Fonte: a autora

Em geral, as marcas de moda tendem a ser responsabilizadas juridicamente quando algum de seus fornecedores diretos ou indiretos atua de maneira informal ou ilegal, por serem elas as que detêm a governança da cadeia, conforme explicado no capítulo 1.

Essa tem sido uma questão central na gestão da cadeia de suprimentos no mercado de moda, principalmente após grandes escândalos nacionais e internacionais relacionados ao emprego de mão de obra análoga à escravidão em produções de grandes marcas.

Em busca de melhorar a rastreabilidade de suas produções, as marcas passaram a desenvolver internamente equipes de *compliance* que selecionam, avaliam, certificam e inspecionam fornecedores periodicamente, buscando a garantia de que sigam seus parâmetros de trabalho e que mantenham seus produtos dentro das instalações produtivas certificadas, sem subcontratar para fornecedores que não façam parte da rede avaliada.

Além das iniciativas individuais das marcas, no Brasil, também se destacou a atuação da Associação Brasileira do Varejo Têxtil (ABVTEX), que desenvolveu um programa de certificação de fabricantes e subcontratados. Para varejistas associados à ABVTEX, é obrigatório que atuem apenas com rede de fornecedores certificados. Porém, o Selo ABVTEX também é exigido por empresas que não são associadas, que consideram uma garantia adicional a respeito da conduta dessas empresas.

7 DESENVOLVIMENTO DE PRODUTOS

Uma consequência direta da subcontratação da produção de moda é o fato de as etapas do desenvolvimento de produtos também estarem distribuídas entre a marca e seus fornecedores. Dessa forma, cria-se um processo paralelo de gestão da produção, que é a gestão da criação, da modelagem, da pilotagem, dos ajustes e da aprovação dos produtos.

Esse processo de desenvolvimento de produtos precisa estar finalizado para que possa se iniciar a produção em si, por isso é iniciado com grande antecedência em relação ao lançamento das peças de moda.

O tempo de antecedência varia de empresa para empresa e de produto a produto, conforme sua complexidade, a relação entre fornecedores etc.

O processo de desenvolvimento de produtos começa com as equipes de estilo e produto das marcas, que realizam o planejamento de coleção e a pesquisa de tendências e materiais. Essa etapa envolve dimensionar a coleção, definindo a quantidade de modelos e variantes, dividindo-a em um mix de produtos adequado por categoria.

Em paralelo, pesquisam tendências de cores e formas desejadas pelo mercado. Tradicionalmente, essa pesquisa era realizada principalmente com base nos lançamentos e desfiles das grandes grifes internacionais. Porém, hoje em dia as marcas levam em conta também os desejos do consumidor comum, que reinterpretam diversos movimentos estéticos e influenciam a moda por meio da capacidade multiplicadora das redes sociais.

Durante esta atividade, os estilistas da confecção e da marca buscam identificar padrões de proporções, cores, formas, texturas e outros atributos estéticos e funcionais entre referências disponíveis nos campos da moda, arte, comportamento, entre tantas outras fontes.

A pesquisa também envolve a busca por fornecedores, identificando tecidos, botões, fivelas, aplicações e outros materiais de interesse para utilização na coleção. Os profissionais envolvidos não podem deixar de se manter atualizados em relação a processos produtivos que possam diferenciar a peça e oferecer recursos para a criação.

A matéria-prima de maior relevância no produto de moda é o tecido, cuja origem é predominantemente de materiais importados. Nesse caso, é comum que seja necessário definir a compra com antecedência, pois podem estar disponíveis em condições limitadas de quantidade e prazo de fornecimento.

A partir dessa fase de pesquisas, o estilista elabora os modelos, em geral utilizando um desenho e especificando suas características técnicas. Todas as informações de um produto são reunidas em um documento chamado Ficha Técnica, que servirá de base tanto para um possível estudo preliminar de custos do produto quanto para o desenvolvimento da modelagem.

A ficha técnica de um produto de moda deveria ter as seguintes informações:

· Desenho técnico do produto, referenciando detalhes de acabamento e produção e medidas mais importantes.

· Tabela com as principais medidas do produto.

· Identificação da localização de aviamentos e outros detalhes do produto (bordados, etiquetas, plaquinhas etc.).

· Informações técnicas de todos os tecidos e forros utilizados no produto: fornecedor, código e nome do tecido, largura, rendimento, gramatura, composição, preço etc.

· Informações técnicas de todos os aviamentos utilizados no produto: botões, zíperes, etiquetas etc.

· Consumo de todos os materiais.

· Etapas do processo produtivo e seus respectivos tempos de produção ou custos referentes aos serviços prestados por fornecedores de mão de obra (no caso de terceirização).

· Grade de tamanhos que serão utilizados no produto, bem como as regras de ampliação.

· Histórico de ajustes realizados durante as provas do produto.

· Informações referentes às embalagens individuais a serem utilizadas no produto (*tags*, saquinhos, capas etc.).

· Amostras dos principais tecidos e materiais.

· Identificação e receitas de lavagens e tingimentos.

· Especificação de bordados, estampas localizadas ou outros beneficiamentos aplicados sobre o produto.

· Informações a respeito do encolhimento.

· Outras informações que sejam importantes para que a confecção e o controle de qualidade possam ser realizados adequadamente.

Após a elaboração da ficha técnica, o ideal é buscar um orçamento preliminar para análise de viabilidade do produto antes mesmo de sua prototipagem.

Em paralelo ao desenvolvimento dos modelos, muitas marcas desenvolvem materiais exclusivos ou personalizados em parceria com seus fornecedores, que podem ser fabricantes de tecidos, estamparias, fabricantes de aviamentos e de outros materiais que sejam insumo para o produto de moda.

Com a definição do modelo e dos materiais, a próxima etapa é a modelagem. Nela, um profissional especializado interpreta as formas tridimensionais idealizadas pelo estilista, transforma-as em partes bidimensionais que formam o molde, a ser aplicado sobre o tecido para que possa ser realizado o corte.

Atualmente, a maioria das empresas realiza a etapa de modelagem em softwares especializados. Alguns desses softwares já são capazes de gerar protótipos virtuais em 3-D para uma avaliação preliminar do produto.

Em seguida, é realizada a etapa de pilotagem (ou prototipagem), na qual o tecido é cortado conforme o molde, costurado e acabado, formando a primeira peça-piloto, que poderá ser avaliada pela equipe de estilo e produto.

Com a piloto em mãos, é possível realizar a prova de roupas, processo no qual o estilista e o modelista responsável acompanham o vestir da peça por uma modelo de prova. A pessoa que atuar como modelo de prova deve ter suas medidas constantemente monitoradas para manter a padronização da numeração da empresa. Além disso, esse profissional deve apontar desconfortos que identifique ao vestir a peça, permitindo que a equipe de estilo realize ajustes para reduzir esse tipo de problema.

Além do conforto, durante a prova, são analisados aspectos como a facilidade de vestir, o caimento e o resultado estético como um todo. Também já é possível ter uma perspectiva mais clara se o custo orçado da peça está compatível com o valor estimado de venda para o consumidor final.

A equipe pode, então, aprovar ou sugerir ajustes com o intuito de aprimorar o produto ou de adequar seu custo. Se for o caso, o molde é revisado e é realizado um novo protótipo.

Dessa forma, observa-se que esse processo funciona como um funil, pois, em geral, são geradas diversas ideias que podem ir sendo filtradas ao longo dele para gerar uma coleção dentro da estética, custo e mix desejados pela marca.

FIGURA 21 **PROCESSO DE DESENVOLVIMENTO DE PRODUTOS**

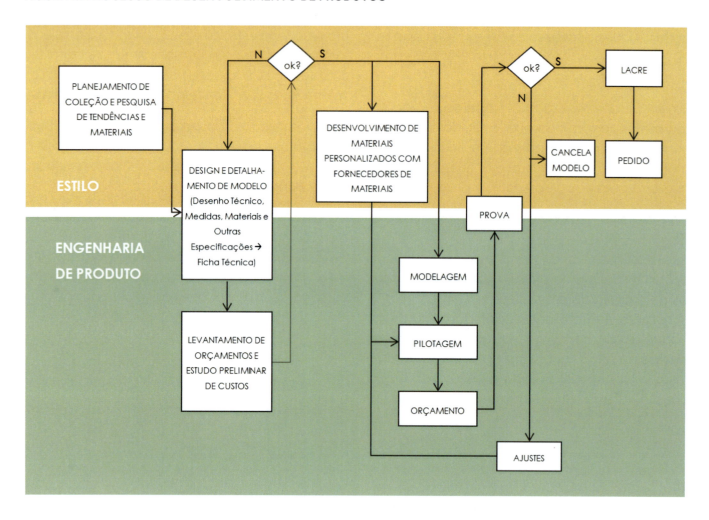

Fonte: a autora

É comum que esse processo seja dividido entre a marca e o seu fornecedor, que acaba desempenhando o papel da Engenharia de Produto na representação da Figura 21. Por isso, é importante que haja uma boa sintonia entre essas duas partes, de forma que o fornecedor seja capaz de traduzir os ideais da marca, tornando o processo mais eficiente e eficaz.

Três entregas fundamentais marcam o fim do processo de desenvolvimento de produtos:

- · Peça-piloto aprovada lacrada.
- · Ficha técnica completa com todas as informações do produto aprovado.
- · Molde aprovado, que corresponde exatamente à peça-piloto lacrada.

Com esses três elementos, é possível iniciar o processo de produção, ou confecção, que descrevemos no capítulo 5, já que a produção parte do molde aprovado para realizar a ampliação, utiliza a peça-piloto lacrada para exemplificar o resultado do processo.

PARTE II:
PLANEJAMENTO E GESTÃO DE NEGÓCIOS DE MODA

8 OS OBJETIVOS DAS EMPRESAS E SEUS *STAKEHOLDERS*

Para que seja possível planejar e gerenciar um negócio, é importante ter clareza de quais resultados são esperados dele e quais são as condições específicas de cada empreendedor que dará sustentação para que esses resultados sejam atingidos.

Ao se questionar sobre os objetivos de um negócio, é comum a primeira resposta que vem em mente ser o "lucro". Porém, é comum também muitas pessoas não terem a real consciência sobre o fato de que o lucro nem sempre se reverte imediatamente em caixa, ou seja, em dinheiro no bolso do empreendedor.

Em especial, os negócios de moda tendem a ter um ciclo financeiro que envolve a injeção de caixa com bastante antecedência, para desenvolver produtos, produzir e compor estoques que posteriormente serão vendidos. Também é comum que as vendas sejam realizadas a prazo, o que gera um ciclo financeiro relativamente longo e que necessita de caixa ao crescer, questão que será detalhada no capítulo 25.

Além disso, nem sempre o empreendedor tem consciência de que, na prática, a partir do momento em que o negócio de fato passa a existir, ele passa a lidar com perspectivas de outras partes, como clientes, funcionários, fornecedores, governo e comunidade que está ao redor da empresa.

A essas partes que estão de alguma maneira envolvidas economicamente com o negócio damos o nome de stakeholders, ou "partes interessadas".

A essas partes que estão de alguma maneira envolvidas economicamente com o negócio damos o nome de stakeholders, ou "partes interessadas".

Dessa forma, vamos nos aprofundar nos possíveis objetivos dos negócios conforme a perspectiva dos diferentes stakeholders (Figura 22).

FIGURA 22 **OBJETIVOS DOS DIFERENTES *STAKEHOLDERS***

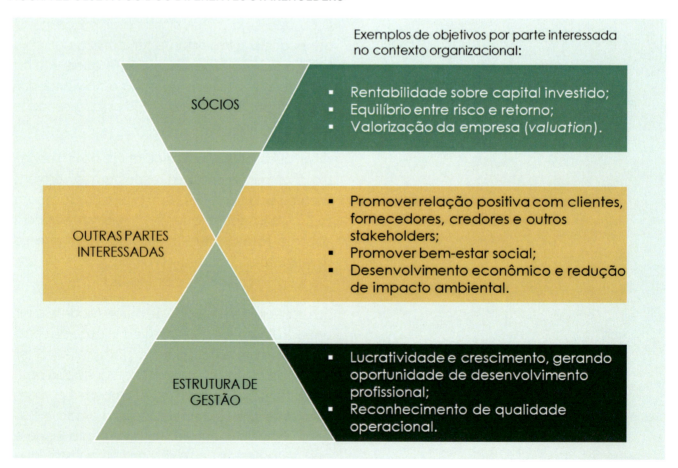

Fonte: a autora

> A essas partes que estão de alguma maneira envolvidas economicamente com o negócio damos o nome de stakeholders, ou "partes interessadas".

Para começar, vamos analisar os **objetivos dos sócios**. Sócio é aquele que investe determinada quantia para ter uma parcela ou a totalidade de um negócio. Dessa forma, o negócio passa a ser um **patrimônio**, com o qual espera ter retorno por meio de **distribuição de lucros** ou da **valorização desse patrimônio**, que poderá ser vendido por um valor maior do que o investido.

É assim que funciona o mercado de ações. Os acionistas escolhem empresas que acreditam que se valorizarão para investir e esperam que, no futuro, possam realizar seu ganho patrimonial vendendo suas ações por valores maiores, gerando uma rentabilidade superior às suas alternativas de investimento. Enquanto não vendem suas ações, os acionistas também podem receber certa distribuição de dividendos (que são os lucros).

O fato é que tudo isso envolve risco, a empresa pode não se valorizar tanto ou pode até quebrar. Além disso, em geral, as empresas só são capazes de distribuir lucro se, além de lucrativas, também estiverem sendo geradoras de caixa, o que não acontece sempre.

Um negócio pequeno, com um ou poucos sócios, também tem essa lógica permeando na tomada de decisão. Na atualidade, principalmente, é um sonho para muitos empreendedores vender seu negócio a cifras astronômicas. Em muitos casos, essa expectativa chega a superar a vontade de ter lucro.

Além dos sócios, também é necessário analisar o objetivo dos **gestores**. Um gestor desenvolve-se quando seu negócio cresce, pois assim são geradas mais oportunidades para evolução profissional e para aumentos de remuneração. No entanto, para um negócio crescer, em geral, é necessário reinvestir seu lucro.

Lucro é um objetivo comum, mas a definição de quanto deve ser reinvestido e quanto deve ser distribuído pode ser um conflito entre gestor e sócio. Essa diferença de objetivos entre as duas partes chama-se **conflito de agência**. Ele acontece quando um agente (gestor contratado) pode ter interesses divergentes de seu agenciador (sócio). Para mediar esse potencial conflito, um dos caminhos é a criação de sistemas de Governança Corporativa.

Os colaboradores da empresa, em geral, têm interesses parecidos com os do gestor, já que crescimento é sinônimo de oportunidade de desenvolvimento profissional.

Para muitos negócios, o sócio também tem papel de gestor e pode viver uma contradição em si próprio. Por isso, é muito importante ter clareza de seus diferentes papéis e de seus objetivos e limites como empreendedor.

Essa contradição se manifesta em dúvidas como:

- Será que eu invisto para continuar crescendo, mesmo que isso signifique um sacrifício em termos de caixa e talvez eu tenha de aportar mais dinheiro no negócio? Como sócio, talvez deseje retirar o lucro. Como gestor, gostaria de reinvestir e fazer o negócio crescer mais rápido.

- Internalizar ou terceirizar funções? Como gestor, talvez seja mais interessante ter mais controle sobre os processos, internalizando mais funções. Como sócio, talvez seja melhor dar prioridade para a flexibilidade estratégica conquistada com a terceirização.

Em negócios pequenos, é ainda comum que o sócio gestor também acumule funções operacionais, o que gera o desafio de equilibrar as diferentes áreas do negócio, sem confundir seus papéis operacionais com as prioridades estratégicas que devem ser dadas a outras áreas.

Além das perspectivas da estrutura societária e da estrutura de gestão, também devem ser considerados os *stakeholders* que estão do lado de fora da empresa, mas que se relacionam muito com ela, como clientes, fornecedores, comunidade e governo.

Além de reconhecer os diversos tipos de resultados esperados para um negócio, também é importante observar que, principalmente nos primeiros anos de sua existência, ele dependerá fortemente do empreendedor. Por isso, é fundamental realizar uma análise de suas forças e vulnerabilidades e considerar o seu contexto de vida para ajustar essas condições às necessidades do negócio.

Podemos dividir esse contexto pessoal do empreendedor em três dimensões:

- Propósitos: crenças e motivações pessoais projetadas no negócio. Tendem a ser grandes forças que promovem um espírito de liderança e uma cultura organizacional. Podem ser relacionados à marca e, dessa forma, gerar associações de valores intangíveis aos produtos.

- Habilidades e competências: conhecimentos e experiências anteriores do empreendedor que se refletem em uma potência para o negócio.

- Possibilidades e limitações pessoais relacionadas ao momento de vida do empreendedor.

> **G**overnança corporativa é o sistema pelo qual as empresas e demais organizações são dirigidas, monitoradas e incentivadas, envolvendo os relacionamentos entre sócios, conselho de administração, diretoria, órgãos de fiscalização e controle e demais partes interessadas. (IBGC, 2015, página 20)..

IGURA 23 **CONTEXTO DO EMPREENDEDOR E O REFLEXO SOBRE O NEGÓCIO**

Fonte: a autora

A consciência sobre o contexto do empreendedor e sua importância na fase inicial do negócio é fundamental para construir um plano que seja factível. Conforme o negócio cresce, é necessário estruturá-lo, tornando-o mais independente. Em negócios maduros, os sócios podem até manter uma posição nas operações, mas precisam discernir claramente seus papéis como sócios e gestores e delegar parte das atividades e das decisões aos seus agentes contratados.

9 ESTRATÉGIA, MODELAGEM E PLANEJAMENTO DE NEGÓCIOS

Uma vez tendo compreendido os objetivos dos diferentes *stakeholders* e o seu contexto pessoal, é possível realizar o planejamento estratégico do seu negócio.

A grande diferença entre planejar um novo negócio e planejar um novo ciclo de um negócio existente é a presença de informações históricas. No entanto, em ambos os casos, é necessário definir a **missão** e a **visão**.

Em caso de um negócio com histórico, é importante "olhar para dentro" e utilizar informações das ações já realizadas, relacionando-as com resultados e indicadores. Empresas com um bom processo de registro e acompanhamento das informações relevantes de todas as suas dimensões organizacionais (marketing, operações e finanças) conseguem se aprofundar nas análises e tirar boas conclusões.

Alguns exemplos de informações internas a serem analisadas são:

- Indicadores de vendas.

- Indicadores de margens:
    - por categorias de produtos;
    - por canal;
    - outros critérios.

- Histórico de ações de marketing e seus resultados.

- Evolução das despesas e eficiência da aplicação dos recursos.

- Outras informações.

O próximo passo é "olhar para fora" e tentar entender como poderá ser o futuro para o seu mercado. Para isso, você deve pesquisar:

- Quais as principais mudanças de comportamento que consigo observar em aspectos relacionados aos meus clientes? O que está mudando em suas rotinas, estilo de vida, contexto social? O que e como eles estão preferindo comprar?

- Como meu mercado específico está evoluindo? Analise seus concorrentes, fornecedores e prestadores de serviços. Que mudanças tecnológicas afetam seu setor?

- Avalie se produtos ou serviços novos podem passar a concorrer com você ou substituir os seus produtos.

Esse trabalho de pesquisa é um processo constante de observação. Pode também envolver contratar empresas específicas de pesquisa ou de estudo de mercado para ajudar com essas informações. Elas serão fundamentais quando se iniciar um ciclo de planejamento estratégico e nos momentos de tomada de decisão.

Com base nas perspectivas internas e externas, é possível revisar o conjunto de objetivos e expectativas dos diversos *stakeholders* e ponderar o que você realmente pretende com o seu negócio.

A **Missão** é uma declaração curta e afirmativa que descreve quais contribuições o negócio deseja efetivar para seus stakeholders em longo prazo.

A **Visão** é uma ideia de futuro que representa um sonho de destino para o negócio. Ela deve olhar bem adiante, mas torna-se inexpressiva, se apontar para uma direção muito diferente dos movimentos que são observáveis nas ações atuais do negócio

Ambas são declarações públicas, por isso devem inspirar sócios, colaboradores, clientes, fornecedores e comunidade em torno do negócio. Elas podem ser revisadas, mas não com muita frequência.

Com base na missão e na visão, é possível iniciar o planejamento estratégico de maneira mais objetiva, no qual escolhemos um período adequado para que as ações sejam implantadas e avaliadas, o que podemos chamar de **período de planejamento**.

> A **Missão** é uma declaração curta e afirmativa que descreve quais contribuições o negócio deseja efetivar para seus stakeholders em longo prazo.

> A **Visão** é uma ideia de futuro que representa um sonho de destino para o negócio. Ela deve olhar bem adiante, mas torna-se inexpressiva, se apontar para uma direção muito diferente dos movimentos que são observáveis nas ações atuais do negócio.

O período de planejamento pode ser maior ou menor conforme o momento do seu negócio. No mercado de moda, é comum que sejam realizados planejamentos de maneira sazonal, englobando um ciclo que se inicia nos primeiros lançamentos até as liquidações. Ou seja, se as promoções sazonais forem realizadas em janeiro-fevereiro e julho-agosto, podemos realizar o planejamento para os seguintes períodos:

- Outono-Inverno: março a agosto (seis meses).

- Primavera-Verão: setembro a fevereiro (seis meses).

Para algumas empresas de moda, os períodos podem ser diferentes, e, como os negócios em geral são analisados em períodos compatíveis com um ano completo, é interessante compor esses períodos para analisar também pela ótica do calendário anual.

O ciclo de planejamento refere-se ao período no qual a empresa organiza as informações necessárias e mobiliza seus esforços para realizar o planejamento do próximo período. Esses ciclos podem ser realizados com diferentes frequências, dependendo do tipo e da maturidade de um negócio. Negócios de moda, em geral, realizam ciclos de planejamento com a frequência semestral.

O ciclo de planejamento refere-se ao período no qual a empresa organiza as informações necessárias e mobiliza seus esforços para realizar o planejamento do próximo período. Esses ciclos podem ser realizados com diferentes frequências, dependendo do tipo e da maturidade de um negócio. Negócios de moda, em geral, realizam ciclos de planejamento com a frequência semestral.

O ciclo de planejamento refere-se ao período no qual a empresa organiza as informações necessárias e mobiliza seus esforços para realizar o planejamento do próximo período. Esses ciclos podem ser realizados com diferentes **frequências**, dependendo do tipo e da maturidade de um negócio. Negócios de moda, em geral, realizam ciclos de planejamento com a frequência semestral.

Para *startups* ou negócios muito jovens, que ainda estão sofrendo muitos ajustes, é comum que se sinta a necessidade de replanejar com maior frequência, por exemplo, a cada três meses. Por outro lado, grandes redes de varejo tendem a realizar planejamentos anuais bem estruturados envolvendo o período de janeiro a dezembro, combinando com seus períodos de divulgação pública de resultados.

O ciclo de planejamento também tende a ser mais longo para empresas maiores, pois o processo envolve uma estrutura organizacional mais ampla e complexa. Em alguns negócios, o planejamento estratégico do ano seguinte começa a ser elaborado em agosto do ano anterior. Em negócios menores, é comum que o planejamento do próximo período seja feito em uma quinzena.

O importante, em qualquer caso, é que seja possível comparar o planejamento com o resultado efetivo. O período utilizado deve ser o mais coerente possível com o conceito das ações que afetarão os resultados e com a lógica da tomada de decisões.

FIGURA 24 **ESTRATÉGIA DE NEGÓCIOS**

A estratégia precisa ser desenvolvida permeando as diferentes dimensões do negócio:

- Aspectos Mercadológicos → Troca de valor com os clientes, que se consolida por meio de um posicionamento refletido nos produtos e nos canais.

- Aspectos Operacionais → Processos, estrutura organizacional, e tecnologia necessários para produzir e entregar o valor desejado para os clientes.

- Aspectos Financeiros → Lucratividade e geração de caixa esperados como apropriação do valor gerado para os clientes.

Fonte: a autora

Estratégia é o plano de rota para realizar o caminho entre a situação atual do negócio e o ponto ao qual se deseja chegar no fim do ciclo de planejamento. Ou seja, ela aborda as ações definidas para chegar a esses resultados.

Estratégia é o plano de rota para realizar o caminho entre a situação atual do negócio e o ponto ao qual se deseja chegar no fim do ciclo de planejamento. Ou seja, ela aborda as ações definidas para chegar a esses resultados.

A estratégia deve contemplar os aspectos mercadológicos, operacionais e financeiros, e pode ser planejado um processo que se inicia na avaliação do posicionamento do negócio e termina na verificação da rentabilidade e da viabilidade financeira. Esse planejamento envolve, muitas vezes, a revisão do modelo de negócios e suas bases estruturais.

Modelagem de negócios é o processo que se faz para estruturar as bases de como um negócio cria, entrega e captura valor (OSTERWALDER; PIGNEUR, 2009). Ou seja, é como esse negócio associa todos os seus recursos para gerar produtos e serviços desejáveis e, com isso, apropria-se dos ganhos por meio de lucro. Assim, é gerada uma hipótese consistente, que tem muito mais chances de ser bem-sucedida do que quando vamos para a ação com uma hipótese mal formulada.

Assim, principalmente nos últimos anos, é frequente relacionar modelagem de negócios a novos negócios e *startups*. Porém, toda vez que realizamos um ciclo de planejamento de um negócio que existe, estamos colocando, de certa forma, o seu modelo de negócios em reavaliação.

FIGURA 25 **MODELAGEM E PLANEJAMENTO DE NEGÓCIOS EM SEIS ETAPAS PRINCIPAIS**

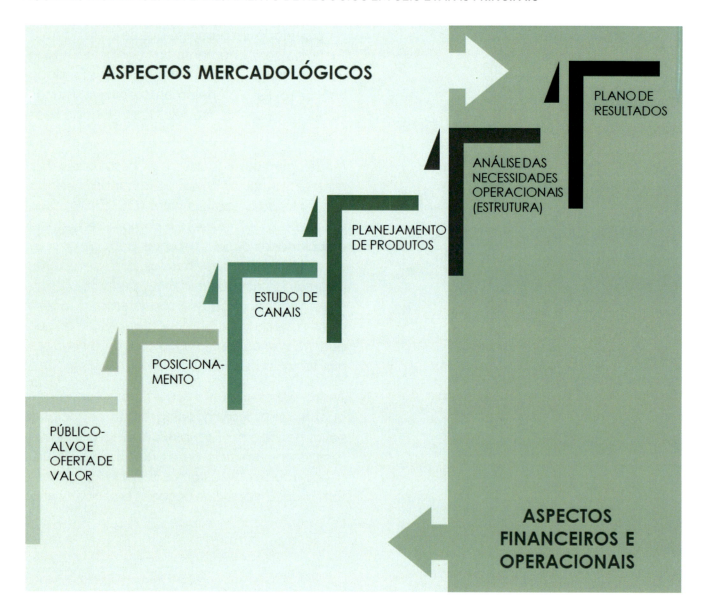

Fonte: a autora

As etapas iniciais referem-se à dimensão do **marketing**, também chamada de dimensão mercadológica, envolvendo a análise do público-alvo e a oferta de valor, a avaliação do posicionamento, o estudo de canais e o planejamento de produtos. Ao revisar esses aspectos e definir ações para o próximo período de planejamento, está elaborando-se o plano de marketing.

Em seguida, é possível analisar quais ajustes **operacionais** precisam ser realizados na estrutura da empresa, ou seja, nas pessoas, nos processos e nas tecnologias envolvidas no negócio, para que ele funcione adequadamente para atingir os objetivos desejados.

Finalmente, realizar uma análise **financeira** com projeções de resultados, para avaliar se a rentabilidade é vantajosa; e de fluxo de caixa, para avaliar a viabilidade do plano.

Na prática, essas etapas muitas vezes são realizadas de maneira paralela, conectando as diferentes dimensões do negócio. Por exemplo, é provável que uma empresa que já tenha uma boa rede de suprimentos possa desenvolver um modelo de negócios mais ágil em termos de oferta e reposição de produtos. Nesse caso, um diferencial operacional motiva modificações mercadológicas.

Também vale notar que é comum que seja necessário refazer o planejamento, ou parte dele, algumas vezes, para que se chegue a um desenho satisfatório de como se espera que o negócio se comporte no próximo período.

Nos próximos capítulos deste livro, abordaremos o plano de marketing, a estrutura das operações e a gestão financeira do negócio, aprofundando as etapas descritas neste capítulo.

10 ROTINAS DE GESTÃO

A gestão de um negócio envolve organizá-lo para atingir os objetivos planejados, implementar as ações planejadas, monitorar os resultados para avaliar se estão satisfatórios e reagir com ajustes, caso sejam necessários.

As diretrizes gerais da empresa representam crenças de seus *stakeholders* do que seria um futuro desejável para o negócio, e precisam ser convertidas em objetivos para curto e médio prazo, que é possível planejar com mais clareza.

Esses objetivos precisam ser transformados em metas, mensuráveis por indicadores. As ações planejadas são a maneira pela qual a empresa espera atingir as metas. Ao implementá-las, é possível observar se estão surtindo efeito mediante a medição dos indicadores e observação de outros aspectos qualitativos.

FIGURA 26 **DO DIRECIONAMENTO ESTRATÉGICO ÀS ROTINAS DE GESTÃO**

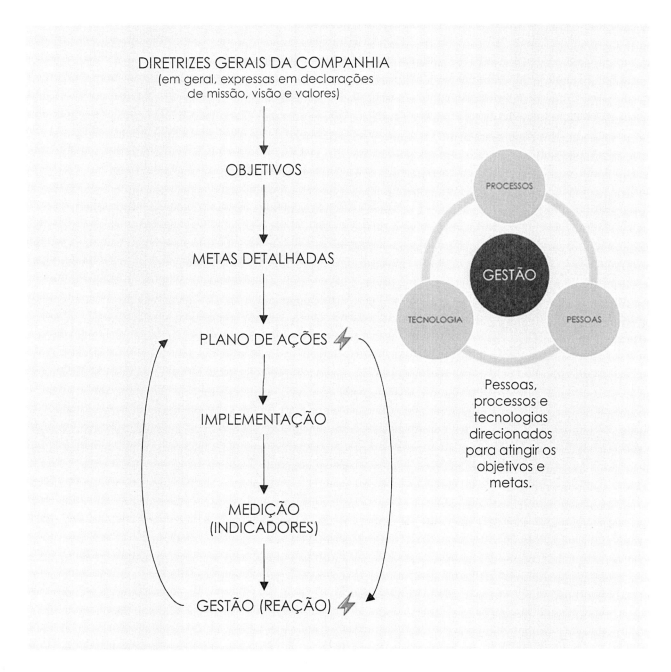

Fonte: a autora

Todos os departamentos da empresa terão envolvimento nas ações estabelecidas, a fim de atingir os objetivos gerais e as metas quantitativas. Essas ações estão diretamente relacionadas aos ganhos quantitativos, como aumento de receitas de curto e médio prazo, e às expectativas de resultados de longo prazo. Também terão relação com o orçamento de despesas. A avaliação sobre se os benefícios superam os gastos é realizada na projeção financeira de resultados, que será tratada com mais detalhes no capítulo 24.

Uma vez aprovado o plano, as ações são implementadas, o que pode envolver a revisão da equipe, dos processos e das tecnologias. Por exemplo, se o objetivo é crescer por meio de franquias e canais de atacado, é necessário dar ênfase à estrutura comercial para essas frentes, o que pode envolver reforçar a equipe, contratando pessoas com experiência na gestão de revendedores.

Eficácia refere-se a agir para atingir o objetivo correto, e eficiência refere-se a realizar o percurso de maneira a otimizar a relação de resultados em comparação aos esforços empenhados.

> A gestão de um negócio envolve organizá-lo para atingir os objetivos planejados, implementar as ações planejadas, monitorar os resultados para avaliar se estão satisfatórios e reagir com ajustes, caso sejam necessários.
>
> É comum que nem todas as ações se reflitam nos efeitos esperados, por isso a gestão deve se encarregar de reavaliar continuamente as ações planejadas e a maneira como elas estão sendo conduzidas pela organização, ajustando processos, gerenciando pessoas e adequando aspectos tecnológicos.

FIGURA 27 **PROCESSOS, PESSOAS E TECNOLOGIA**

Fonte: a autora

Após a aplicação do plano de ações, os indicadores permitirão a medição dos resultados, possibilitando compará-los com as metas estabelecidas, avaliando a eficácia e a eficiência da implementação das ações.

Os indicadores devem ser acompanhados de maneira sistemática, permitindo que os ajustes sejam realizados de maneira rápida, evitando que esforços sejam desperdiçados (Figura 28).

FIGURA 28 EXEMPLO DE OBJETIVOS, IMPACTOS NA ESTRUTURA E PROCESSOS INTERNOS, INDICADORES E METAS

OBJETIVOS GERAIS

- Crescer em 20% o faturamento no próximo ano, com base na expansão dos canais de franquias e atacado.
- Para os próximos 5 anos, duplicar o faturamento, iniciando uma nova marca, complementar à principal.

IMPACTOS NA ESTRUTURA

- Criação de uma diretoria comercial com foco em atacado.
- Contratação de Diretor Comercial com experiência em franquias e atacado.
- Criação de equipe de *Merchandising* para acompanhamento das franquias.

IMPACTOS NOS PROCESSOS INTERNOS

- Novos processos de aprovação e gestão de franquiados.

INDICADORES

COMERCIAL

- Faturamento
- Unidades vendidas
- Preço médio
- Ticket médio
- % Vendas a preço cheio
- *Markup* médio
- % Sobras após promoção

MARKETING

- Retorno sobre investimento:
    - De mídia paga;
    - De eventos;
    - De Outras ações cujos resultados são mensuráveis.

SUPRIMENTOS

- Número de modelos / fornecedor
- Número de peças produzidas / modelo
- Custo médio por linha de produtos
- *Lead time* de entrega por fornecedor e linha de produtos
- *Lead time* de distribuição

ESTILO

- *Lead time* de desenvolvimento de produtos
- Número de pilotos/produto aprovado
- Número de pilotos aprovadas / pilotos realizadas
- % Modelos com bom desempenho de vendas no varejo (Venda > 80% a preço cheio)

METAS DETALHADAS

COMERCIAL

- Contratação de consultoria para aprimoração de política de gestão de franquias.
- Abertura de 2 franquias no primeiro semestre (SP) e 4 franquias (1 SP, 1 BH, 1 Brasília, 1 POA) no segundo semestre.
- Reduzir % sobras ao final da coleção para 12%.

MARKETING

- Ações específicas para inauguração de franquias.
- Aumento de preços em 10%, a ser realizado gradualmente em 2 coleções → *Markup* franquiado 3,0.

SUPRIMENTOS

- Ampliação da produção nacional em 40% no primeiro ano e desenvolvimento de novos fornecedores no exterior para suprimentos de 20% de produção extra no ano seguinte.

ESTILO

- Ampliação do mix de produto em 10% considerando características específicas dos mercados BH e Brasília.

Fonte: a autora

O acompanhamento das metas por meio de indicadores pode ser realizado conforme rotinas de gestão, incluindo reuniões periódicas para discutir a evolução do plano em torno dos aspectos mais importantes do negócio. Cada conjunto de metas, ações e indicadores se refere à parte da equipe, de modo que as reuniões devem ser programadas para sistematicamente discutir pontos que sejam importantes para a frente estratégica que compete a essas pessoas.

Por exemplo, em uma pequena empresa de moda, uma rotina de gestão de vendas pode envolver reuniões semanais com a equipe comercial para acompanhar os resultados da semana anterior, atualizar a equipe de vendas sobre os próximos lançamentos de produtos e ações de marketing, obter informações do time de vendas a respeito de feedback de clientes, entre outras ações.

Isso permitirá um alinhamento da equipe e a preparação para as próximas semanas, além de dar subsídios para que a gestão geral do negócio desenvolva relação com outras áreas para favorecer as vendas.

Reuniões periódicas análogas podem ser desenvolvidas, por exemplo, com equipes de estilo/produto, suprimentos/produção, financeiro etc.

> Realizar essas rotinas de gestão garante que a empresa caminhe em direção aos objetivos definidos e que informações importantes fluam sem ruídos entre as diferentes dimensões do negócio. Essas informações podem dar indicações sobre necessidade de corrigir rota ou, até mesmo, de perceber rapidamente tendências de mercado que sugiram uma necessidade de revisão do planejamento e dos objetivos.

10.1 Sistemas de Gestão: *Enterprise Resource Planning* (ERPs)

Os ERPs, ou Sistemas de Gestão, são softwares que associam informações de todas as áreas da empresa. Em geral, são compostos por módulos como: financeiro, departamento pessoal, compras, produção, vendas etc.

Cada função da empresa costuma ter acesso à inserção, consulta e edição de uma parte das informações, relativa ao seu departamento. Por exemplo, enquanto o departamento de compras cadastra os pedidos realizados e dá entrada no estoque, o departamento financeiro visualiza as faturas que devem ser pagas referentes a esse pedido e pode, então, programar seu fluxo de caixa, ambos utilizando o sistema.

Para uma boa implantação de um Sistema de Gestão, a empresa deve ter uma visão clara de seus processos empresariais e suas necessidades específicas de informação. O sistema deve se adequar a essas necessidades, e não o inverso.

É comum que empresas pequenas utilizem apenas alguns módulos de um sistema de gestão. Conforme crescem, tendem a sentir a necessidade de padronizar seus processos e incorporar as informações em um único padrão, depositando-as nos sistemas de gestão.

As informações de vendas e gestão de estoque são as primeiras que deveriam ser incorporadas a um sistema em um processo de implantação, mesmo para empresas pequenas. Dessa forma, a empresa consegue dar entrada nas mercadorias que estão sendo disponibilizadas para venda, compondo os estoques de todos os canais de vendas, sejam lojas físicas, sejam digitais.

Os sistemas de gestão devem reunir as informações de todos os canais automaticamente, por meio de integrações com as plataformas de *e-commerce*. Quando uma venda é realizada, a baixa do estoque acontece automaticamente. E periodicamente a empresa pode promover a conferência do estoque por meio de inventários físicos.

Nos negócios de moda, esse processo é especialmente complexo, pela grande variedade de modelos, cores e tamanhos. A gestão adequada do estoque tende a melhorar a promoção da venda de produtos, reduzindo as sobras, que muitas vezes ficarão obsoletas na virada das coleções.

Logo que a empresa comece a crescer, é interessante começar a utilizar os sistemas de gestão para o controle financeiro. Nessa fase, todos os gastos devem ser incluídos no sistema, classificados por contas contábeis. Dessa forma, a empresa consegue ter uma visão das contas a pagar e receber, além de ter a base para uma futura análise de caixa e resultado. Para que essa análise seja feita, as informações devem ser cadastradas segundo critérios adequados, o que depende de uma boa compreensão das bases da gestão financeira.

Além dos módulos de vendas e financeiro, empresas de moda maiores tendem a implantar também os módulos de produtos, compras e planejamento. Esses módulos são especialmente importantes para empresas que compram tecidos e fazem a gestão da industrialização, e menos importantes para aquelas que apenas compram e revendem mercadorias prontas.

Nesses módulos, cada produto tem sua ficha técnica cadastrada no sistema de maneira integral, com todos os materiais que o compõem e o consumo unitário de cada material. Dessa forma, no momento da emissão de uma ordem de produção de uma determinada grade de cada produto, é realizada, então, o que chamamos de explosão dos itens do produto em seus componentes. Com a explosão desses itens, a marca identifica tudo que deve ser comprado dos diversos fornecedores.

De um lado, esse planejamento permite a análise do custo dos produtos, e, de outro, essas informações são combinadas com os prazos de entrega e produção para que seja possível calcular quando o produto estará disponível para distribuição e venda nas lojas.

> Cada empresa escolhe o sistema de gestão e define quais módulos deseja implantar, na medida em que o esforço de implantação e utilização do sistema seja proporcional aos resultados que ele possa efetivamente proporcionar para o negócio.

Isso quer dizer que muitas vezes não é necessário nem interessante ter o melhor software ou implantar todos os módulos de um sistema. A evolução e as especificidades de cada negócio devem orientar a escolha e o caminho de implementação do software de apoio à gestão.

11 PRINCIPAIS FUNÇÕES ORGANIZACIONAIS EM NEGÓCIOS DE MODA

Estrutura organizacional é a forma como a empresa divide as funções e a relação de coordenação entre elas. Ela pode ser representada por um organograma, que apresenta visualmente as relações de subordinação.

A Figura 29 apresenta um exemplo de organograma de uma empresa de moda. Nesse caso, a estratégia foi formar seis departamentos subordinados à direção-geral do negócio: produto, marketing, comercial, logística e suprimentos, financeiro e administrativo. Cada um desses departamentos, por sua vez, é formado por funções mais específicas.

FIGURA 29 **EXEMPLO DE ORGANOGRAMA DE EMPRESA DE MODA**

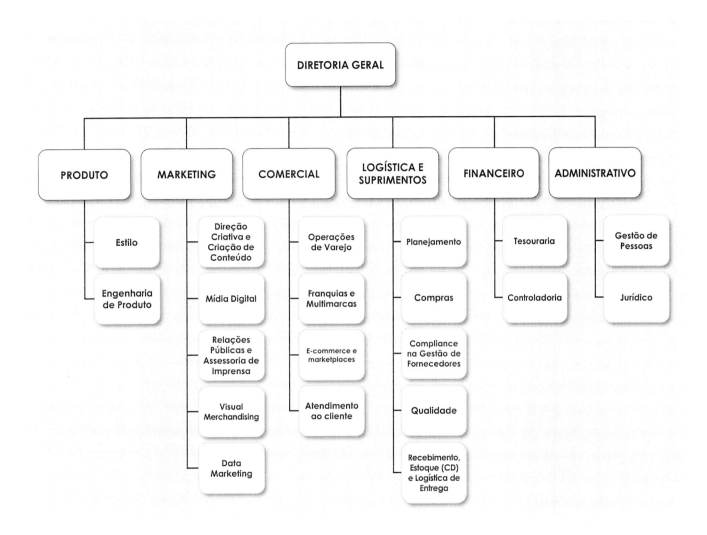

Fonte: a autora

Nesse organograma de exemplo, foram destacadas as principais áreas dos negócios de moda. A seguir, será apresentada uma descrição das principais atividades e responsabilidades dessas áreas.

PRODUTO

Estilo — pesquisa de tendências e de materiais, planejamento e detalhamento de mix de produtos junto à área de planejamento, desenho de modelos e elaboração inicial da ficha técnica, acompanhamento do desenvolvimento de produtos junto aos fornecedores, condução de provas de roupas e aprovação final dos produtos, seleção final dos modelos aprovados e coordenação entre produtos que participem da mesma entrada nas lojas.

Engenharia de Produto — definição das características dos produtos, tais como medidas, padrões de ampliações, relação de materiais, seus detalhes técnicos e consumo.

Preenchimento e atualização das fichas técnicas, acompanhamento da equipe de modelagem (interna ou terceirizada), acompanhamento de provas, definição dos padrões de qualidade que deverão ser seguidos para cada modelo.

MARKETING

Direção Criativa e Criação de Conteúdo — pesquisa de referências e definição da linguagem visual utilizada nas diversas frentes de comunicação, direcionamento e acompanhamento de sessões de fotos para campanhas, *look books* e conteúdos utilizados em todos os canais da marca. Criação de catálogo e conteúdo para redes sociais, blogs e outras mídias utilizadas pela empresa.

Marketing Digital — gestão dos diversos canais de marketing digital. Participação na definição de orçamento para investimento em mídia digital, seleção e contratação das frentes de anúncios. Definição de ações voltadas para o ambiente virtual, tais como a contratação de *influencers*, organização de *lives*, entre outras.

Relações Públicas e Assessoria de Imprensa — administração das comunicações institucionais da empresa com entidades externas, incluindo a relação com a imprensa. Pesquisa e seleção de personalidades que possam conduzir as mensagens da empresa para o público, tais como *influencers* e potenciais embaixadores da marca.

Visual Merchandising — pesquisa de tendências de experiência de varejo e proposta de conceitos novos para os ambientes de loja e cenografia de vitrines. Definição de padrões de apresentação de produtos nos diversos ambientes de exposição e vendas, principalmente nas lojas físicas. Projeto de mobiliário e provadores que valorizem os produtos e favoreçam a interação com os clientes.

Data Marketing — análise de informações provenientes das vendas, das pesquisas com consumidores, das redes sociais, dos resultados de campanhas de marketing digital já realizadas, e de quaisquer outras fontes que possam servir como base para o desenvolvimento de estratégias para o negócio. Reportar tendências observadas para as outras áreas da empresa, em especial para o departamento de produtos e outras áreas do marketing, gerando em conjunto propostas mais aderentes aos padrões em crescimento.

COMERCIAL

Operações de Varejo — definição de metas e acompanhamento dos resultados de vendas para cada loja da rede, compondo metas gerais de vendas de varejo próprio. Supervisão das lojas e organização de treinamentos para as equipes de vendas. Definição dos calendários de lançamentos e promoções, com as equipes de marketing e produto. Aplicação das diretrizes de visual merchandising, providenciando o treinamento delas para todas as lojas.

Franquias e Multimarcas — participação na definição de metas gerais de atacado. Definição do calendário de vendas a atacado. Preparação de *show room* e eventos para multimarcas. Acompanhamento das compras dos franqueados, a fim de garantir equilíbrio e profundidade do mix e cumprimento dos padrões de atuação (manuais de franquias). Orientações gerenciais aos franqueados.

E-commerce — gestão da experiência do cliente no ambiente digital. Participação na estratégia de Marketing Digital junto à área específica, acompanhamento de resultados e métricas dos investimentos realizados. Operação da retaguarda do *e-commerce*, recebendo pedidos e garantindo que sejam tratados pela área de Estoque e Logística de Entrega.

Atendimento ao Cliente — recebimento e tratamento de dúvidas e reclamações de clientes, intermediando a relação com as diversas áreas da empresa, buscando a solução necessária com base em uma visão de "omnicanalidade".

LOGÍSTICA E SUPRIMENTOS

Planejamento — conciliação dos calendários de vendas de varejo, eventos de vendas de atacado, compras e desenvolvimento de coleções junto às áreas específicas, integrando as informações para garantir a disponibilização dos produtos nos pontos de venda, de forma a otimizar os resultados e ser coerente com o mercado de forma geral. Acompanhamento do cumprimento dos prazos com todas essas áreas da empresa.

Compras — pesquisa e seleção de fornecedores, levando em conta os requisitos da área de *Compliance*. Solicitação de orçamentos e negociação de preços, prazos, condições de pagamento, entre outras. Elaboração de ordens de compras e acompanhamento das entregas.

Compliance na Gestão de Fornecedores — avaliação de fornecedores segundo critérios estabelecidos pela empresa e por órgãos regulamentadores. Realização de visitas de inspeção, garantindo rastreabilidade na cadeia de suprimentos.

Qualidade — definição dos critérios de qualidade e tolerância, junto à área de Engenharia de Produto. Inspeções de qualidade na empresa e em visitas a fornecedores. Gestão da solução de lotes com problemas de qualidade.

Recebimento, Estoque (CD) e Logística de Entrega — recebimento de materiais e produções de fornecedores, conferência de conformidade com as ordens de compras e solicitação da inspeção da área de qualidade. Armazenamento adequado dos produtos, mantendo informações atualizadas. Realização de inventários periódicos. Recebimento dos pedidos de vendas ou da demanda de transferência de produtos para lojas e manejo dos produtos para a entrega aos seus destinos. Coordenação da entrega por meio de transporte próprio ou contratação de transporte terceirizado.

FINANCEIRO

Tesouraria — acompanhamento dos saldos bancários, realizando diariamente a conciliação. Elaboração de fluxo de caixa planejado. Controle e baixas de contas a pagar e receber. Gestão de empréstimos e antecipação de recebíveis, analisando taxas de juros. Gestão de investimentos e suas rentabilidades. Gestão das taxas referentes a serviços financeiros de bancos e meios de pagamento, buscando alternativas de menor custo. Acompanhamento da apuração de tributos e encargos junto à contabilidade (em geral, terceirizada).

Controladoria — definição do plano de contas e registro das informações financeiras conforme os critérios de classificação que melhor apresentem visão gerencial para tomada de decisões. Apuração de resultados e geração de Demonstração de Resultados e indicadores gerenciais.

ADMINISTRATIVO

Gestão de Pessoas — recrutamento, seleção, contratação e treinamento de pessoas junto a todas as áreas da empresa. Elaboração e implantação da política de benefícios. Gestão da avaliação de desempenho dos profissionais. Gestão da cultura organizacional e condução de ações de transformação transversalmente aos departamentos. Atividades de departamento pessoal: registro e demissão de funcionários, folha de pagamento, controle de faltas e férias.

Jurídico — elaboração e gestão de contratos de todos os tipos, garantindo a defesa dos interesses da empresa, em especial no que se refere a franquias e possíveis contratos de licenciamento. Gestão da propriedade intelectual (marcas, designs). Acompanhamento das autorizações de direito de uso de imagem. Assessoria jurídica a outros departamentos para minimização de riscos, em especial no que se refere à relação com funcionários, colaboradores e fornecedores subcontratados.

Cada empresa pode escolher a melhor forma de dividir essas funções em departamentos e áreas, conforme vários fatores, tais como o porte, a importância estratégica que cada atividade tem no negócio como um todo, o grau de complexidade de cada função, a maneira como os processos são realizados e até mesmo a disponibilidade de profissionais especializados no mercado.

É comum que empresas menores tenham menos departamentos e concentrem mais atividades diferentes em cada um deles. Por exemplo, o financeiro pode estar dentro do departamento administrativo. O oposto pode acontecer com grandes empresas, que tendem a ter ainda mais departamentos e níveis hierárquicos.

PARTE III:
PLANEJAMENTO DE MARKETING, VENDAS E SORTIMENTO

12 MARKETING DE MODA

A palavra "marketing", muitas vezes, é associada de maneira limitada a questões de comunicação, publicidade e propaganda. Porém, como veremos neste capítulo, o marketing é uma dimensão muito mais ampla, já que envolve a percepção de todo o ambiente de mercado e a geração de valor para o cliente, incluindo estratégias de produtos, preços e canais. Para realizar um bom plano de marketing, é necessário desenhar ações que permeiem todas essas dimensões.

> "*Marketing* é a gestão de relacionamentos lucrativos com clientes" (Kotler; Armstrong, 2015, página 03).

> "No mercado de moda, a dimensão do marketing é de grande importância, porque o valor do produto para o cliente é, em boa parte, subjetivo e intangível. Cabe ao marketing participar dessa construção de valor diante do público.."

O plano de marketing costuma ser a primeira parte do plano de um novo negócio e também costuma ser uma frente que motiva as mudanças estratégicas dos negócios em geral. Isso acontece porque o mercado está em constante mudança e é na dimensão do marketing que a marca se relaciona com o mercado.

Em um negócio novo, é necessário iniciar com uma ampla investigação da oferta de valor que se pretende entregar para certo público-alvo. Também é fundamental realizar uma análise de posicionamento, com a análise de concorrentes e *benchmarks*. Essas informações serão a base de um bom planejamento de canais e de produtos.

Para negócios que já existem, todas essas questões precisam ser constantemente revisitadas e reavaliadas, de forma a manter a marca atrativa diante de um mercado em constante mudança.

A flexibilidade estratégica é um ativo importante para os negócios atualmente, para que se possa acompanhar a velocidade com a qual surgem novas demandas e novas possibilidades tecnológicas a serem integradas no negócio.

Em muitos casos, empresas pequenas conseguem ser mais ágeis do que as grandes. Isso acontece porque têm estruturas menores e processos menos enrijecidos. Porém, podem ser menos capazes de tirar proveito das mudanças em longo prazo. Por exemplo, para uma marca que tenha apenas uma loja física e uma loja on-line, pode não ser difícil se tornar *omnichannel*, já que o estoque provavelmente está no mesmo endereço, a equipe é pequena e o número de interações com clientes também.

> "Flexibilidade estratégica é a facilidade e agilidade da empresa em se adaptar às mudanças do mercado de maneira eficiente e eficaz.

Para grifes com dezenas de lojas próprias e franquias, *e-commerce* e venda por atacado, o desafio é muito maior. Imagine, por exemplo, um cliente que comprou certo produto da marca X em uma loja de multimarcas e queira trocar em uma loja própria da marca — trata-se de empresas diferentes, o que torna muito mais complicado o processo.

Além da adaptação para a gestão de novos canais, as empresas também precisam ser rápidas na adaptação da linguagem e criação de conteúdo nas redes sociais.

Tradicionalmente, marcas de moda investiam pesado em campanhas fotográficas que eram utilizadas por toda uma estação. Era comum que fossem impressos catálogos em papéis de boa qualidade para a disponibilização em lojas e envio por correio para os clientes.

Atualmente, é mais comum que sejam organizadas diversas sessões de fotos para gerar imagens interessantes de apresentação de produtos com mais frequência. Em um ciclo de uma estação outono-inverno, por exemplo, podem ser realizados dois ou três *shootings*.

Nesse caso, as marcas procuram ter mais conteúdo fresco para a utilização nas redes sociais, a um custo mais baixo. Com isso, cresceram as oportunidades para profissionais que atuam com fotografia, vídeo, edição, produção, *styling*, maquiagem, direção de arte, cenografia etc.

Cada *shooting* tende a contemplar uma parcela dos produtos da coleção, já que estes também vão sendo lançados de maneira gradual, um pouco por semana, quinzena ou mês.

A busca pela humanização das marcas e aproximação com o público também envolve a substituição parcial de modelos magras e altas por pessoas mais próximas de uma imagem real.

Também vêm crescendo ações de colaboração, que podem envolver tanto a comunicação quanto os produtos das marcas. Nas chamadas *collabs*, marcas aliam-se a outras ou a personalidades para gerar coleções-cápsula ou conteúdos que agradem ao público de ambas e, com isso, potencializar as ações de marketing e as vendas.

De forma geral, os movimentos de aceleração de desenvolvimento tecnológico e das comunicações estimulam que novos modelos de geração de conteúdo, divulgação de produtos e canais de vendas sejam gerados, o que exige grande flexibilidade por parte das empresas. Por isso, é fundamental que elas estejam preparadas para realizar planejamentos de marketing com maior frequência e agilidade.

13 PÚBLICO-ALVO E OFERTA DE VALOR

Para começar um plano de marketing, é necessário identificar quem são nossos clientes potenciais, ou seja, entre o grande universo de pessoas que constituem o mercado, quais teriam mais afinidade com a marca e estariam dispostas a trocar seu dinheiro pelos produtos oferecidos.

Compreender como esse grande universo de pessoas se divide em grupos menores, mais homogêneos, é um processo que chamamos de **segmentação**. Dessa forma, é possível identificar padrões de interesses, comportamentos, desejos e valores que possam estar em sintonia com o que a marca tem a oferecer. Os grupos com os quais essa sintonia é maior podem ser incluídos no que chamamos de **público-alvo**.

A descrição do público-alvo pode ser feita de uma maneira genérica ou mediante a construção de personas.

Uma persona é um personagem fictício que representa aspectos aspiracionais do seu público. Ela pode ser descrita em detalhes que incluem a idade, onde mora, profissão, hábitos cotidianos, necessidades, dores e desejos. Algumas marcas definem uma ou mais personas para inspirar suas equipes de produto e de marketing de uma maneira mais concreta.

Grandes redes varejistas, por exemplo, definem personas diferentes para suas várias submarcas. Essa técnica ajuda a criar identificação com parcelas diferentes do público.

Em paralelo à definição do público-alvo, está a identificação dos diferenciais competitivos e da **oferta de valor**. Essa avaliação é paralela, pois o valor é relativo, ou seja, o que algumas pessoas consideram importante pode não ser relevante para outras.

É comum que se considere estilo ou qualidade dos produtos de moda como a principal oferta de valor, mas, muitas vezes, são outros atributos que efetivamente fidelizam o cliente a uma marca. Atendimento, conveniência, exclusividade, serviços de conserto e de entrega, por exemplo, podem ser muito mais importantes do que o produto em si.

O Diagrama da Persona, apresentado na Figura 30, pode ser utilizado para desenvolver a oferta de valor conforme as características do público que se deseja atingir.

FIGURA 30 **DIAGRAMA DA PERSONA**

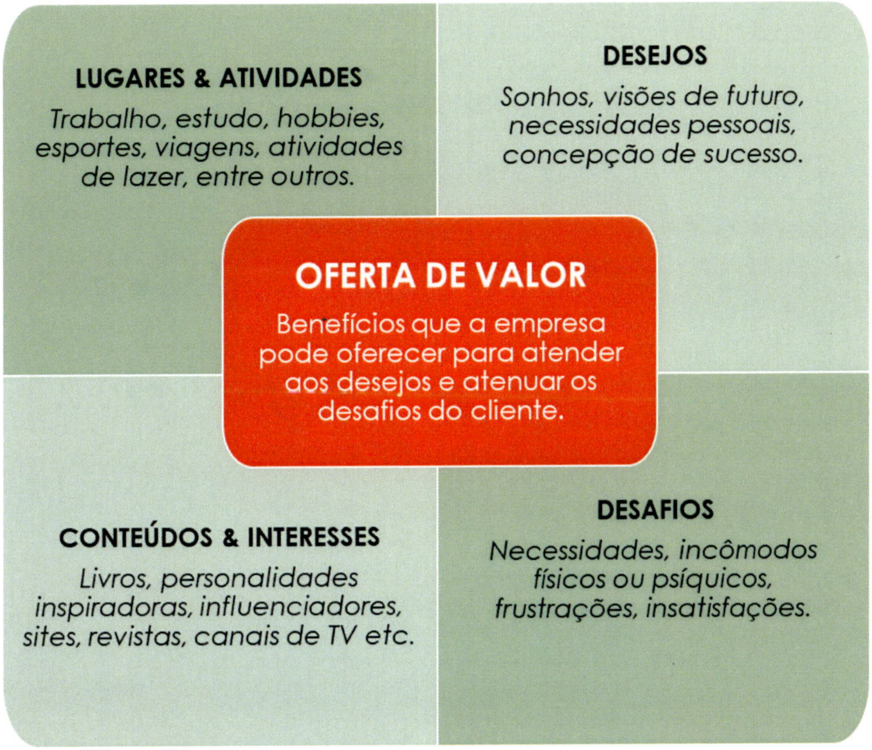

LUGARES & ATIVIDADES
Trabalho, estudo, hobbies, esportes, viagens, atividades de lazer, entre outros.

DESEJOS
Sonhos, visões de futuro, necessidades pessoais, concepção de sucesso.

OFERTA DE VALOR
Benefícios que a empresa pode oferecer para atender aos desejos e atenuar os desafios do cliente.

CONTEÚDOS & INTERESSES
Livros, personalidades inspiradoras, influenciadores, sites, revistas, canais de TV etc.

DESAFIOS
Necessidades, incômodos físicos ou psíquicos, frustrações, insatisfações.

Fonte: a autora

Esse diagrama pode ser preenchido inicialmente pela parte de fora do lado esquerdo, que relaciona "Lugares & Atividades", "Conteúdos & Interesses" da persona que representa o público que se deseja atingir. Depois, deve-se preencher o lado direito do diagrama, com os "Desejos" e "Desafios" dessa persona. Com base nessas informações, fica mais intuitivo definir a "Oferta de Valor" que deve ser apresentada pela marca.

Algumas perguntas podem ajudar a identificar as principais ofertas de valor de uma marca:

- Quais atributos do meu produto são diferenciais para esse público?

- Que benefícios intangíveis meu produto oferece para os meus clientes?

- Quais serviços meu cliente valoriza durante a relação com minha marca pelos meus canais?

- Como eu facilito a vida de meu cliente no processo de compra ou no uso de meus produtos?

- O que meu cliente sente de positivo quando usa meus produtos?

- O que poderia tornar minha marca única e insubstituível do ponto de vista do cliente?

- A minha marca resolve um problema importante para meu cliente? Qual?

14 POSICIONAMENTO, ANÁLISE DE CONCORRENTES E *BENCHMARKS*

Após analisar o mercado e segmentá-lo, definir o público-alvo e a oferta de valor, é importante verificar o **posicionamento** da marca. Isso quer dizer comparar com outras empresas, localizando-a de maneira relativa, validando a coerência do negócio em seus principais atributos mercadológicos.

FIGURA 31 **SEGMENTAÇÃO, DEFINIÇÃO DO PÚBLICO-ALVO E OFERTA DE VALOR, E ANÁLISE DE POSICIONAMENTO**

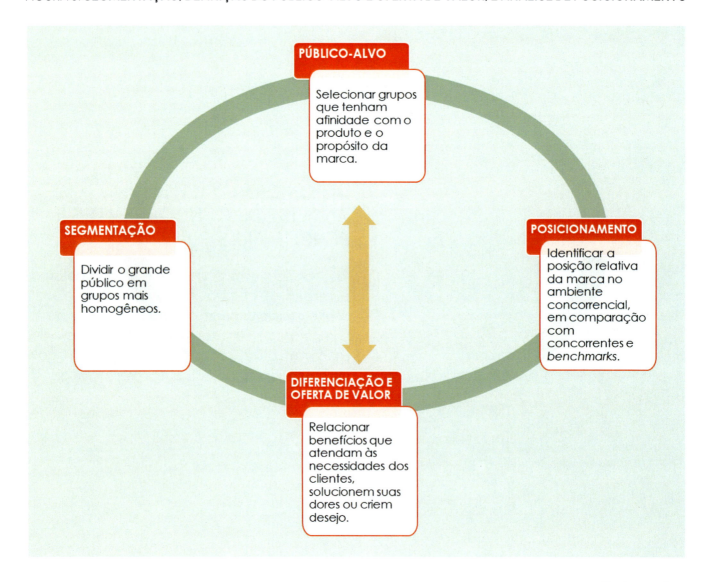

Fonte: a autora

Para realizar a análise de posicionamento, é importante identificar marcas que podem ser comparadas pelo público em geral, e em especial pelo público-alvo.

Uma maneira de trazer mais objetividade para a análise de posicionamento é realizar um estudo de concorrentes e *benchmarks* de mercados. Para isso, deverá ser realizada uma pesquisa em marcas que têm algum tipo de similaridade em aspectos como:

- **Porte**: empresas com tamanho próximo, pois tendem a ter o mesmo nível de exclusividade de produtos e uma organização interna análoga.

- **Produto**: marcas com linhas de produtos parecidos em termos de padrões de qualidade, linguagem estética, variedade.

- **Canais**: marcas com canais similares. Por exemplo, se a marca analisada atua com lojas físicas, considerar outras marcas com lojas em regiões comerciais de padrão parecido. Se atua no *e-commerce*, considerar outras marcas com lojas on-line de proposta parecida (qualidade de fotos, experiência do usuário etc.).

- **Linguagem estética**: marcas com comunicação parecida e que promovem seus produtos em meios ou influenciadores similares.

Além de pesquisar empresas parecidas, você também pode ampliar a busca em empresas de referência no mercado, que poderão ser utilizadas como base de comparação pelo público.

Por exemplo, se uma marca pequena atua no mercado *premium* com produtos de alfaiataria feminina, ela deve buscar outras empresas pequenas que tenham uma abordagem análoga, mas não pode deixar de analisar também as grandes, que podem servir como um balizador comum. Exemplos dessas grandes referências seriam empresas como Zara, Le Lis Blanc, Animale, ByNV, Brooksfield Donna etc.

Em geral, a pequena empresa consegue atingir nichos mais específicos, com exclusividade, atendimento personalizado e serviços especiais. Todos esses são diferenciais que compensam o fato de serem menos abrangentes em termos de canais de vendas, por exemplo.

Realizar a **análise de concorrentes e *benchmarks*** de maneira estruturada é uma boa forma de ter uma visão mais coerente do seu posicionamento. A Tabela 1 pode ajudar a realizar esse estudo.

QUADRO 1 **ANÁLISE DE CONCORRENTES E** *BENCHMARKS*

	"MARCA A ANALISAR"	MARCA A	MARCA B	MARCA C	MARCA D	MARCA E	MARCA F
BREVE DESCRIÇÃO (ESTILO / LINGUAGEM VISUAL / PORTE / MERCADO)							
CANAIS DE VENDAS (TIPO, QUANTIDADE, PRINCIPAIS CARACTERÍSTICAS)							
CATEGORIAS DE PRODUTOS E FAIXAS DE PREÇOS							
CANAIS DE COMUNICAÇÃO E RELACIONAMENTO							
DIFERENCIAIS RECONHECIDOS PELO MERCADO							
PONTOS FORTES DE CADA MARCA							
PONTOS EM QUE MINHA MARCA SE DIFERENCIA EM RELAÇÃO ÀS OUTRAS	NÃO SE APLICA	Preencher com o que a marca que deseja analisar tem de diferencial comparando-a com cada uma das outras marcas analisadas.					

Fonte: a autora

Nessa tabela, utilize a primeira coluna para preencher as informações da sua marca e as colunas seguintes para as marcas escolhidas para base de comparação, conforme os critérios descritos anteriormente. Uma sugestão é escolher entre cinco e dez marcas para comparar com a sua.

A primeira linha pode ser utilizada para descrever brevemente aspectos mercadológicos de cada marca, como linha de produtos, linguagem criativa, porte etc.

Em seguida, identifique os tipos de canais de venda, descreva-os brevemente e busque quantificar para dar uma ideia de porte da empresa.

Na terceira linha, é importante destacar a quantidade de modelos lançados, as categorias de produtos de cada marca e sua representatividade no total da coleção, trazer a faixa de preços para cada categoria e o período de liquidação.

Posteriormente, deve ser realizada uma análise da estratégia geral de comunicação da marca, destacando seus principais canais e outros aspectos que possam servir como base de comparação.

Assim, tendo analisado esses principais aspectos mercadológicos, realizar, então, uma análise dos principais diferenciais de cada marca, incluindo a sua.

Finalmente, na última linha, você deve comparar a sua marca com cada uma das analisadas, citando os aspectos nos quais a sua marca se destaca. Esses aspectos poderão ser utilizados pela empresa como discurso de defesa da marca perante o cliente.

Na Tabela 2, está representado um exemplo de análise de concorrentes e *benchmarks*. Na primeira coluna, identificada como "minha marca", representa a empresa cujo posicionamento está sendo analisado. Nas outras duas colunas, são dois exemplos de empresas escolhidas para a comparação.

TABELA 2 **EXEMPLO DE ANÁLISE DE CONCORRENTES E *BENCHMARKS***

	MINHA MARCA	MARCA X (porte similar)	MARCA Y (referência para o grande mercado)
BREVE DESCRIÇÃO (ESTILO / LINGUAGEM VISUAL / PORTE / MERCADO)	ALFAIATARIA (MINIMALISTA, LINGUAGEM CONTEMPORÂNEA / DESCONSTRUÍDA) / MERCADO PREMIUM	ALFAIATARIA (MINIMALISTA / MAIS TRADICIONAL) / MERCADO PREMIUM	ALFAIATARIA, FASHION, CASUAL / MERCADO SUB-PREMIUM
CANAIS DE VENDAS (TIPO, QUANTIDADE, PRINCIPAIS CARACTERÍSTICAS)	1 loja física – 50m² em São Paulo (Pinheiros) E-commerce próprio Marketplace X Atacado – 3 clientes multimarcas	2 lojas físicas – Pinheiros e Jardins E-commerce próprio Marketplace X e Y Não tem atacado	45 lojas físicas aprox. 80m² (próprias e franquias) espalhadas pelo Brasil, em centros comerciais valorizados E-commerce próprio Diversos marketplaces Atacado – 200 multimarcas
CATEGORIAS DE PRODUTOS E FAIXAS DE PREÇOS	Aprox. 70 modelos/coleção – 140 SKUs incluindo variantes (2 coleções/ano, divididas em lançamentos ao longo do semestre) Blusas – 25% - R$ 300 a R$ 600 Calças e Saias – 20% - R$ 450 a R$ 650 Camisas – 15% - R$ 400 a R$ 600 Vestidos – 15% - R$ 500 a R$ 800 Blazers e Casacos – 10% - R$ 550 a R$ 800 T-Shirts – 10% - R$ 200 a R$ 300 Tricot – 5% - R$ 400 a R$ 700 Liquidações – JULHO e AGOSTO, JANEIRO e FEVEREIRO (descontos iniciais 20%, chegando a 70% no final do período)	Aprox. 120 modelos/coleção – 200 SKUs incluindo variantes de cor Blusas – 30% - R$ 200 a R$ 600 Calças e Saias – 20% - R$ 350 a R$ 550 Vestidos – 20% - R$ 400 a R$ 800 Camisas – 15% - R$ 300 a R$ 550 Blazers e Casacos – 15% - R$ 550 a R$ 800 Liquidações – JUNHO e JULHO, JANEIRO e FEVEREIRO (descontos iniciais 20%, chegando a 70% no final do período)	Aprox. 500 modelos/semestre Blusas – 40% - R$ 150 a R$ 500 (camisas acima de R$ 250) Calças e Saias – 20% - R$ 300 a R$ 600 Vestidos – 10% - R$ 400 a R$ 1000 Blazers e Casacos – 10% - R$ 400 a R$ 800 Outros – 20% (pijamas, acessórios, objetos e papelaria) Liquidações – JUNHO e JULHO, JANEIRO e FEVEREIRO (descontos iniciais 40%, chegando a 70% no final do período)
CANAIS DE COMUNICAÇÃO E RELACIONAMENTO	Instagram / Facebook – 1 post no feed e 10 stories por dia Iniciando página no Pinterest Reels esporádico Google Campanhas semestrais (1 modelo) – em geral em estúdio/campanha e look book Collab – 1 por semestre com marca complementar (calçados/acessórios)	Instagram / Facebook – 1 post no feed e 20 stories por dia Reels aprox. todo dia Google Campanhas trimestrais (1 modelo) Influencers Linguagem visual da comunicação mais comercial	Instagram / Facebook – 1 post no feed e 20 stories por dia Comunicação bem orgânica (conteúdos diversos *lifestyle* combinados com aprox. 1/3 dos posts de looks/produtos) Diversas campanhas em locações.
DIFERENCIAIS RECONHECIDOS PELO MERCADO	Modelagem diferenciada/exclusividade. Atendimento personalizado. Reconhecida como marca exclusiva dentro de um círculo social de alto poder aquisitivo.	Modelagem/qualidade Clientela tradicional fidelizada, reunida em eventos "sociais" na loja mensalmente. Atendimento personalizado.	Mix amplo (encontra de tudo na loja), preços intermediários, marca "conhecida". Investimento alto em marketing, com grande presença na mídia (on-line e off-line).
PONTOS EM QUE MINHA MARCA SE DIFERENCIA EM RELAÇÃO ÀS OUTRAS	NÃO SE APLICA	Minha marca é mais contemporânea, tem produtos mais diferenciados/estilosos.	Minha marca é mais exclusiva e, dentro do nicho específico, reconhecida como mais premium.

Fonte: a autora

Note que, nesse caso, a "Marca X" representa uma empresa de porte similar e a "Marca Y" representa uma empresa mais conhecida, que poderia ser um *benchmark* para o público em geral. Ambas têm aspectos similares à marca que desejamos analisar e, por isso, servem de referência.

No caso do exemplo, o posicionamento da marca analisada parece adequado, quando comparada com as outras duas marcas. Ela é um pouco mais cara, mas tem uma abordagem criativa mais nichada e uma aura de exclusividade.

Como tratado anteriormente, o ideal é analisar mais marcas concorrentes e *benchmarks*, de forma a ter um panorama mais amplo e preciso sobre o posicionamento.

15 CANAIS DE COMUNICAÇÃO, RELACIONAMENTO, VENDAS, PAGAMENTO E DISTRIBUIÇÃO

Canais são os meios pelos quais as marcas se conectam com seus clientes, para diversas finalidades.

Canais de **comunicação** são aqueles por meio dos quais a marca passa uma mensagem para os seus clientes e o público em geral.

Nos canais de **relacionamento**, é possível a interação entre a marca e o cliente. Ou seja, nesse caso é possível ter interação.

Um bom exemplo são as redes sociais. No início, muitas marcas utilizaram essas redes apenas como canal de comunicação, publicando conteúdos que pudessem chamar atenção do público, mas não se prepararam para responder às abordagens do cliente. Logo, ficou claro que, além de um canal de comunicação, as redes sociais eram obrigatoriamente um canal de relacionamento, já que os clientes podem enviar comentários e mensagens privadas. As marcas que não trataram adequadamente essas mensagens acabaram por sofrer danos de imagem e perder clientes.

Os canais de **vendas** são aqueles por meio dos quais o cliente pode avaliar, escolher e comprar produtos. Em geral, canais de vendas também são canais de comunicação, já que a maneira como os produtos são apresentados diz muito sobre as marcas. Além disso, em geral também costumam conter alguns canais de **pagamento**, que permitem que o cliente efetive a transação financeira para adquirir os produtos.

Finalmente, os canais de **distribuição** são o meio para o produto chegar ao cliente, que pode envolver estoque e logística de entrega. Um *e-commerce*, por exemplo, precisa estar associado a um centro de distribuição, que, por sua vez, entrega os produtos para os clientes por algum sistema de transporte próprio ou terceirizado. Dessa forma, o *e-commerce* em si não é um canal de distribuição.

A análise de todas as funções de cada canal é muito importante para que seus processos sejam planejados para atender a essas funções e aumentar o aproveitamento desses canais na atração, conversão e retenção dos clientes. A Tabela 3 mostra um exemplo de como pode ser realizada essa análise dos diferentes papéis dos canais em uma marca.

TABELA 3 **EXEMPLO DE MAPEAMENTO DE CANAIS DE UMA MARCA**

CANAL \ TIPO	COMUNICA-ÇÃO	VENDAS	CHECK OUT	DISTRIBUIÇÃO	RELACIONA-MENTO
LOJA FÍSICA	✓	✓	✓	✓	✓
LOJA ON-LINE	✓	✓	✓		
REDES SOCIAIS (INSTA, FACE, TWITTER)	✓	✓			✓
WHATSAPP	✓	✓			✓
EMAIL (SAC)					✓
CHAT DO SITE		✓			✓
COURIERS/ TRANSPORTA-DORAS				✓	

Fonte: a autora

Características específicas dos canais de vendas e distribuição relacionam-se, em grande medida, com o posicionamento da marca. Por essa razão, é importante refletir com profundidade sobre algumas questões:

- Como são minhas lojas físicas (ambiente, tamanho, características)?

- Qual a localização dessas lojas? Por que escolheu esses locais?

- Como é a jornada do cliente e a experiência de compra do meu cliente em canais virtuais?

Os canais e seus papéis podem mudar conforme evoluem as tecnologias e o comportamento do consumidor. Um bom exemplo dessas mudanças ocorreu durante a pandemia de Covid-19, na qual as empresas tiveram de rapidamente se adaptar para atuar de maneira virtual com mais qualidade.

Um caso que gerou muita repercussão na mídia foi o atendimento personalizado virtual da Gucci, que construiu uma loja cenográfica com todas as características necessárias para realizar uma venda por meio de vídeo. O cliente era atendido virtualmente e o vendedor atendia dentro de uma luxuosa loja equipada com câmeras e luzes adequadas para que todos os detalhes do produto pudessem ser mostrados em uma experiência quase tão primorosa quanto o atendimento nas lojas físicas.

Logo, muitas marcas de moda passaram a utilizar novas maneiras para comunicar seus produtos, como as *live-commerces*, que foram eventos virtuais transmitidos por *streaming*, nos quais os produtos eram apresentados e oferecidos para os clientes. As soluções tecnológicas acompanharam essa tendência, lançando aplicativos nos quais era possível fechar a compra sem precisar mudar de ambiente virtual.

Além disso, o atendimento por aplicativos de conversa passou a ser cada vez mais importante. Equipes de vendas inteiras foram contratadas e treinadas para dar atendimento adequado por esse canal. Marcas que já estavam preparadas para esse tipo de relacionamento, ou que foram ágeis na adaptação, colheram bons resultados de vendas nesse período.

Adicionalmente, como tratado no capítulo 4, a administração dos diferentes canais caminha a passos largos, para uma abordagem de "omnicanalidade", na qual o consumidor transita entre os diferentes canais físicos e virtuais de maneira fluida, sem perceber claramente quando passa de um canal para outro. Essa abordagem vale principalmente para os canais de vendas e de relacionamento, exigindo das empresas que as tecnologias e os processos de sua retaguarda operacional estejam amplamente integrados.

16 MIX DE PRODUTOS

O **mix de produtos** de moda corresponde à variedade de produtos que será oferecida pela marca para os clientes, em certa quantidade de peças distribuídas em uma grade de tamanhos.

Os produtos podem ser organizados segundo suas características e situações de uso, definindo-os em categorias e linhas de produtos.

- **Categorias** e subcategorias de produtos a serem trabalhadas: divisão dos produtos em grupos como *tops* (partes de cima), *bottons* (partes de baixo), *outwear* (casacos, *blazers* e afins), *one pieces* (vestidos e macacões) e outros complementos. Além das categorias mais amplas, também podem ser criadas subcategorias mais específicas, tais como blusas, camisas, *blazers*, jaquetas, coletes, saias, calças etc.

- **Linhas** de produtos: divisão dos produtos em estilos, materiais ou situações de uso, tais como "casual", "básicos", *fashion*, "vanguarda", "noite", "alfaiataria" etc.

Cada marca pode definir as categorias e as linhas conforme sua conveniência e alinhamento com seu posicionamento. Pode, ainda, utilizar vários níveis de categorias e subcategorias. Na Figura 32, está apresentado um exemplo de categorias e subcategorias de produtos (colunas) e seus cruzamentos com as linhas de produtos (linhas). Note que um produto deve fazer parte de uma categoria/subcategoria e uma linha — por exemplo, um vestido de festa seria da categoria *onepiece*, subcategoria "vestidos" e linha "social/noite".

FIGURA 32 **ORGANIZAÇÃO DOS PRODUTOS EM CATEGORIAS, SUBCATEGORIAS E LINHAS DE PRODUTOS**

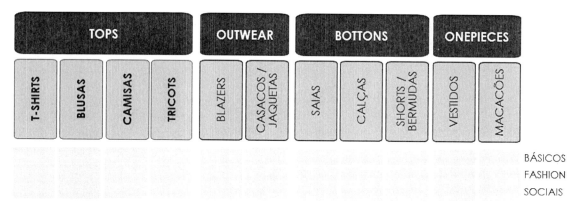

		TOPS				OUTWEAR		BOTTONS			ONEPIECES		TOTAL
		T-SHIRTS	BLUSAS	CAMISAS	TRICOTS	BLAZERS	CASACOS/ JAQUETAS	SAIAS	CALÇAS	SHORTS/ BERMUDAS	VESTIDOS	MACACÕES	
	BÁSICOS	2	2	1	1	1	1	2	2	-	2	-	14
	FASHION	2	4	2	3	1	1	4	6	2	6	2	33
	SOCIAL/ NOITE	-	-	1	-	-	1	-	-	-	2	1	5
	TOTAL	4	6	4	4	2	3	6	8	2	10	3	52

Fonte: a autora

Ao planejar o mix de produtos, a marca deve definir qual parcela de sua coleção deseja que faça parte de cada um desses grupos. Essa definição faz parte da estratégia mercadológica da marca e deve levar em conta o histórico de vendas, no caso de empresas já estabelecidas no mercado, e as tendências de consumo.

Cada modelo pode ser produzido em certa quantidade de variantes e em diferentes extensões e profundidades de grade de tamanhos.

Variantes são as variações de cor ou estampa, que podem ser aplicadas sobre um mesmo modelo, ou seja, com a mesma modelagem.

Extensão de grade significa em quantos tamanhos determinado modelo será produzido. Por exemplo, se a produção de certa blusa for do tamanho PP ao GG, serão cinco tamanhos.

A escolha por graduação em tamanhos numéricos (ex.: 38, 40, 42 etc.) ou letras (ex.: PP, P, M, G etc.), depende da estratégia da marca. Em geral, em produtos cuja precisão de tamanhos precisa ser maior, como é o caso das peças de camisaria e alfaiataria, utiliza-se numeração. Para produtos mais flexíveis e que se adaptam melhor a diferentes corpos, é possível utilizar letras.

A ampliação da modelagem de um tamanho para outro costuma ser de 4 cm nas principais circunferências — quadril, cintura e busto. Porém, muitas empresas criam seus próprios padrões de modelagem e ampliação para atender melhor às características de seu mercado. Em peças de malha que são mais maleáveis, por exemplo, é comum que se restrinja a grade para tamanhos P, M e G e se utilizem padrões de ampliação de 6 cm ou 8 cm na circunferência.

Além das variantes e da extensão da grade, também é necessário definir a **profundidade** de grade que será considerada para a produção de cada modelo. Isso quer dizer quantas peças de cada tamanho e variante serão produzidas.

Combinando modelos, cores e variações de tamanho, obtemos o número de SKUs de uma marca ou coleção. A sigla SKU refere-se à expressão em inglês *Stock Keeping Unit*, ou seja, unidade de manutenção de estoque. A identificação das SKUs serve para organizar as vendas e o estoque nas marcas. Assim, de cada venda que se realiza é retirada uma unidade de estoque de uma determinada SKU, identificada por um código de barras.

Podemos quantificar o número de SKUs multiplicando o número de modelos pelo número de variantes e quantidades de tamanho (Equação 1). Quanto maior o número de SKUs, mais complexa tende a ser a gestão do estoque.

EQUAÇÃO 1 **CÁLCULO DE SKUS**

$$\text{NÚMERO DE SKUs} = \begin{array}{c} \text{NÚMERO DE MODELOS} \\ \text{X} \\ \text{NÚMERO DE VARIANTES} \\ \text{X} \\ \text{NÚMERO DE TAMANHOS} \end{array}$$

A identificação das SKUs serve para organizar as vendas e o estoque nas marcas.

Quanto maior o número de SKUs, mais complexa tende a ser a gestão do estoque.

Fonte: a autora

O exemplo da Tabela 4 mostra a composição de mix de produtos de uma coleção-cápsula de uma marca de tops de malha. Nesse caso, são 18 modelos em um total de 34 variações, considerando modelos e cores (é possível con-ferir contando o número de linhas da tabela). Dessa forma, tem-se o total de 102 SKUs, que corresponde a 34 variações de modelo e cor multiplicadas por três tamanhos cada.

TABELA 4 **EXEMPLO DE COLEÇÃO-CÁPSULA DE MARCA PEÇAS DE MALHA**

REFERÊNCIA	MODELO	COR	P	M	G	TOTAL
001V	OVERSIZED GEOMÉTRICA	AZUL	6	6	3	15
001V	OVERSIZED GEOMÉTRICA	BRANCO	6	6	3	15
002V	OVERSIZED NAVY	AZUL	6	6	3	15
002V	OVERSIZED NAVY	BRANCO	6	6	3	15
003V	OVERSIZED LISA	AZUL	4	4	2	10
003V	OVERSIZED LISA	BRANCO	4	4	2	10
004V	CROPPED STAR	PRETO	6	6	3	15
004V	CROPPED STAR	BRANCO	6	6	3	15
005V	CROPPED NAVY	PRETO	6	6	3	15
005V	CROPPED NAVY	BRANCO	6	6	3	15
006V	CROPPED LISA	PRETO	4	4	2	10
006V	CROPPED LISA	BRANCO	4	4	2	10
007V	BÁSICA GEOMÉTRICA	AZUL	6	6	3	15
007V	BÁSICA GEOMÉTRICA	BRANCO	6	6	3	15
008V	BÁSICA BALLS	AZUL	6	6	3	15
008V	BÁSICA BALLS	BRANCO	6	6	3	15
009V	BÁSICA LISA	AZUL	4	4	2	10
009V	BÁSICA LISA	BRANCO	4	4	2	10
010V	SLIM NAVY	MARINHO	6	6	3	15
011V	SLIM GEOMÉTRICA	MARINHO	6	6	3	15
012V	SLIM STAR	MARINHO	6	6	3	15
013V	SLIM LISA	MARINHO	6	6	3	15
014V	BÁSICA V RAIN	PRETO	6	6	3	15
014V	BÁSICA V RAIN	BRANCO	6	6	3	15
015V	BÁSICA V DROP	PRETO	6	6	3	15
015V	BÁSICA V DROP	BRANCO	6	6	3	15
016V	BÁSICA V LISA	PRETO	3	3	2	8
016V	BÁSICA V LISA	BRANCO	3	3	2	8
017V	MOLETOM NAVY	MESCLA	5	5	2	12
017V	MOLETOM NAVY	TERRACOTA	5	5	2	12
017V	MOLETOM NAVY	PRETO	5	5	3	13
018V	MOLETOM DROP	MESCLA	5	5	2	12
018V	MOLETOM DROP	TERRACOTA	5	5	2	12
018V	MOLETOM DROP	PRETO	5	5	3	13
TOTAL			180	180	90	450

Fonte: a autora

Como mencionado no capítulo 5, em geral existe um lote mínimo a ser produzido por modelo para tornar viável o custo da confecção. Para a maior parte das linhas de produto, esse lote é aproximadamente 50 a 100 peças por modelo, que pode ser dividido em duas ou três cores. Consequentemente, quanto maior o número de SKUs, maior costuma ser o estoque mínimo que uma marca precisa produzir e, com isso, a necessidade de capital de giro.

Por esse motivo, é importante ter bastante cautela e utilizar o máximo de informações possível para planejar o mix de produtos. O ideal é trabalhar com uma variedade suficiente para atrair consumidores e oferecer alternativas que promovam a venda, mas não grande demais a ponto de gerar um estoque desproporcional à capacidade de venda dos canais.

Para empresas com um histórico de vendas, é interessante verificar se o portfólio de produtos está equilibrado, definindo faixas de preço que façam sentido dentro do posicionamento identificado e quantidades a serem produzidas. Essa análise deve ser realizada para compor a quantidade de modelos a serem propostos para cada categoria e a quantidade de modelos e suas características dentro de cada categoria, como exemplificado na Figura 33.

FIGURA 33 **EXEMPLO DE ANÁLISE DE HISTÓRICO DE DESEMPENHO VERSUS PREÇO POR MODELO DENTRO DE UMA CATEGORIA**

Saia X
R$ 480
Produção 50 peças
Venda de 30 peças
em 20 dias
60%

Saia Z
R$ 465
Produção 45 peças
Venda de 15 peças
em 20 dias
33%

Saia K
R$ 480
Produção 55 peças
Venda de 28 peças
em 20 dias
56%

Saia Y
R$ 540
Produção 60 peças
Venda de 35 peças
em 20 dias
58%

Saia W
R$ 580
Produção 40 peças
Venda de 18 peças
em 20 dias
45%

Saia L
R$ 521
Produção 40 peças
Venda de 23 peças
em 20 dias
57%

Fonte: a autora

Essa análise busca correlacionar o giro com o preço e as características visuais do produto, gerando ideias para o mix da próxima coleção.

Muitas empresas realizam reuniões de produto sistemáticas durante o desenvolvimento da coleção, nas quais as peças são apresentadas uma após a outra e avaliadas tanto do ponto de vista estético e funcional quanto com relação ao preço, levando em conta a referência histórica e os concorrentes e *benchmarks*. Nessas reuniões, são sugeridos ajustes, novas propostas e cancelamentos de modelos.

Diferentemente das reuniões de prova de produtos, que observam os aspectos técnicos, o que é avaliado neste contexto é a composição estratégica do mix.

Além de planejar o mix de produtos, também é importante programar as **datas de entradas** de novos produtos nos canais de vendas. As equipes de planejamento de produtos procuram organizar seleções de modelos que combinem entre si para que sejam disponibilizados para venda ao mesmo tempo.

Como mencionado no capítulo 2, nos períodos de lançamento, é comum que sejam organizadas entradas semanais ou quinzenais, oferecendo novidades com frequência para os clientes. Quando esses lançamentos têm um mix coerente, a tendência é gerar mais desejo de consumo.

Vale notar que nem todos os produtos são sazonais. Muitas marcas têm linhas de produtos atemporais que podem ser reabastecidos conforme a grade for ficando desfalcada por esgotamento de alguns tamanhos. Nesse caso, é importante observar o balanceamento do mix de produtos sazonais em relação aos produtos de linha.

Ainda dentro do planejamento de produto, também devem ser definidas algumas características ou fronteiras de qualidade compatíveis com o posicionamento da marca. Questões que podem orientar essas características são:

· Qual linguagem visual/design?

· Quais materiais a marca considera adequados para o patamar de qualidade estabelecido dentro do posicionamento objetivado?

· Qual nível de qualidade dos acabamentos?

· Qual nível de exclusividade (quantidade oferecida por produto)?

· Como é a embalagem?

· Como são aplicadas as identificações de marca (logotipo)?

A compreensão adequada dessas fronteiras orienta o trabalho dos estilistas e a seleção de fornecedores qualificados, além de se relacionar com o valor percebido pelo cliente, conforme detalhado no próximo capítulo.

17 PRECIFICAÇÃO

17.1 Preço, custo e *markup*

Precificação é um dos pontos que geram maior insegurança em negócios de moda. Existem muitos mitos sobre *markups* ideais, e a grande maioria dos pequenos empresários não sabe avaliar claramente se está tendo resultados com os preços praticados.

Para aprofundar o tema, é necessário conhecer alguns conceitos principais:

- **Preço** é o valor de venda do produto para seu cliente. Porém, pode ser que o mesmo produto tenha mais de um preço, dependendo se ele é vendido para o consumidor final ou para um revendedor. Por isso:

  * **Preço de varejo** é o preço praticado de venda para o consumidor final.

  * **Preço de atacado** é o preço praticado na venda para um revendedor (ex.: quando a marca vende o produto para seu franqueado ou para uma loja multimarca, que revenderá para o consumidor final).

- **Custo** é o valor gasto pela empresa para confeccionar o produto (no caso de indústrias) ou para comprar um produto que será revendido (no caso de comércio). Ou seja, no caso de uma indústria de moda, o custo de uma roupa corresponde ao custo dos materiais (tecido, forro, etiquetas etc.) e da mão de obra (corte, costura, acabamento, bordados etc.) empregados para produzir esse produto. No caso de uma loja, o custo de um produto é o valor que foi pago para comprar essa peça acabada de seu fornecedor. Alguns também utilizam "**preço de custo**" para se referir ao custo — essa é uma expressão que pode gerar certa confusão entre conceito de preço e custo, por isso não será utilizada na abordagem deste livro.

- *Markup* é o preço dividido pelo custo.

- Diferentemente do que muitos acreditam, não existe um único *markup* ideal para negócios de moda nem um *markup* fixo para ser utilizado em todos os produtos de uma mesma marca.

> " É é um erro considerar que o preço é uma consequência do custo. Enquanto o custo é o produto de um cálculo, de um processo contábil de apuração, chamado de custeio, o preço é um atributo de composição muito mais complexo.

FIGURA 34 **PREÇO VERSUS CUSTO**

Fonte: a autora

Por outro lado, certamente existem referências de mercado que devem ser utilizadas como pontos para comparação na sua estratégia de precificação, e, quando um planejamento financeiro é realizado de maneira estruturada e profunda, existe uma referência de *markup* médio dos produtos que se deseja atingir.

Além disso, existe o *markup* original de um produto e o *markup* médio efetivo.

Por exemplo, um produto vendido por R$ 300 a preço cheio, cujo custo foi R$ 100, tem *markup* 3. Porém, se uma parcela de 30% das vendas desse produto aconteceu com desconto de 30%, temos que:

- Preço médio = 70% x R$ 300 + 30% x R$ 210 = R$ 273.

- *Markup* médio efetivo = R$ 273 / R$ 100 = 2,73.

Ou seja, o **markup médio efetivo** corresponde ao *markup* resultante do preço médio após as promoções dividido pelo custo médio.

Em alguns modelos de negócios, o *markup* é imposto por condições comerciais e até contratuais. Isso acontece, em especial no caso da revenda de produtos de marcas próprias por franqueados ou lojas multimarcas.

Como explorado no capítulo 1, muitas marcas grandes oferecem seus produtos por meio de canais de vendas que vão além de lojas próprias. Nesses casos, a marca vende seus produtos a preço de atacado para seus franqueados e para lojas multimarcas. Porém, para manter a coerência comercial diante do consumidor final, a marca coloca o condicional de que esses franqueados e multimarcas utilizem o mesmo preço de varejo que o das lojas próprias.

Em geral, o *markup* entre o preço de varejo e o preço de atacado é estabelecido entre 2,2 e 2,5 para a grande maioria das marcas conhecidas[7]. Portanto, **na relação entre uma marca e seus revendedores multimarcas e franqueados, a marca controla tanto o preço quanto o custo do produto, e o *markup* para eles deixa de ser uma escolha estratégica dos revendedores**. Nesse caso, o revendedor tem de fazer seu planejamento de forma a buscar rentabilidade trabalhando com outras variáveis, como volume de vendas, estrutura de despesas, política de descontos etc. No capítulo 3, foram

detalhados os diversos modelos de canais de vendas no mercado de moda e a liberdade estratégica de cada um deles para estabelecer seus *markups*.

O subcapítulo 17.2 detalhará a construção do preço segundo o valor de mercado, mas levando em conta a rentabilidade do produto.

17.2 Preço e valor de mercado

Preço é o valor que o cliente pagará por um produto ou serviço que se está oferecendo. Por isso, ele está diretamente relacionado aos benefícios percebidos por esse cliente ao adquirir o seu produto. Esses benefícios podem ser tangíveis ou intangíveis.

> Preço é o valor que o cliente pagará por um produto ou serviço que se está oferecendo. Por isso, ele está diretamente relacionado aos benefícios percebidos por esse cliente ao adquirir o seu produto. Esses benefícios podem ser tangíveis ou intangíveis.

---

[7] Nem todas as marcas restringem o preço de varejo a um valor fixo, mas essa é considerada uma boa prática para aquelas que desejam reduzir conflito de canal e caminhar em direção à atuação *omnichannel*.

Exemplos de benefícios tangíveis são as características físicas do produto, tais como o design, o tecido, a qualidade de costura e acabamento, embalagens etc.

Mas o cliente também associa valor aos benefícios intangíveis que você oferece. Esses benefícios podem estar relacionados à percepção de valor da sua marca, e são reforçados por atributos como a arquitetura e decoração da loja, a qualidade da comunicação visual, a linguagem textual utilizada nas comunicações, as personalidades escolhidas para representar a marca etc.

Atendimento ao cliente e a serviços que gerem conveniência, como consertos e ajustes, facilitação de troca e entrega rápida em domicílio também são benefícios intangíveis.

Todos esses fatores subsidiam a percepção de valor específico para um determinado público, já que valor é algo relativo. Ao estabelecer o preço meramente pelo custo, corre-se o risco de não vender, pois o consumidor pode não considerar que o produto represente esse valor. Ou seja, apenas utilizando um *markup* único, subestima-se o poder do consumidor.

A precificação deve ser realizada como parte da estratégia de posicionamento da marca. Por isso, deve envolver a análise de concorrentes e *benchmarks*, discutida no capítulo 14.

Uma forma de se aprofundar nessa análise para produtos específicos é realizar uma pesquisa dentro da categoria/subcategoria de produtos que se deseja estudar, considerando marcas que se acredita terem posicionamentos similares.

A Figura 35 representa um exemplo de uma pesquisa de preços de saias *midi*, tecido plano em marcas *premium* brasileiras consolidadas no mercado. Nesse caso, foram encontrados preços que variam entre R$ 300 a R$ 1.500. A variação ser grande indica que existe uma diferença de posicionamento entre as marcas pesquisadas, sugerindo que precisa ser realizada uma análise mais profunda para compreender a quais marcas a empresa estudada mais se assemelha, conforme apresentado no capítulo 14.

FIGURA 35 **EXEMPLO DE PESQUISA DE PREÇOS X POSICIONAMENTO PARA UMA CATEGORIA DE PRODUTOS (REALIZADA EM MARCAS BRASILEIRAS PREMIUM EM JANEIRO DE 2021)**

Fonte: a autora

Estabelecida a base de comparação de posicionamento, o próximo passo é analisar comparativamente o produto ao qual estamos tentando atribuir um preço competitivo com os produtos oferecidos pelas marcas com posicionamento análogo.

Esse estudo gera uma clareza maior da faixa de preços que seu produto pode ter para ser recebido pelo seu público-alvo de maneira natural.

Realizada a avaliação do produto, levando-se em conta a percepção de valor do mercado, é fundamental analisar se é rentável para o negócio nessa faixa de preço. Para isso, os próximos passos são a realização do custeio e as projeções financeiras do negócio, conforme detalhamos na Parte IV.

Vale notar que a estratégia de precificação, que combina avaliações mercadológicas e resultados financeiros, também deve levar em conta questões como política de descontos e liquidações, formas de pagamento e concessões especiais (frete grátis, cupons de desconto etc.).

18 INDICADORES DE VENDAS E MARKETING

Os indicadores de vendas e marketing são fundamentais para o acompanhamento da performance do negócio e para o estabelecimento de metas. A análise sistemática de indicadores tende a sinalizar se as estratégias estão surtindo efeito e gerar insights para soluções para possíveis desafios que se apresentem.

Algumas métricas podem ser obtidas de maneira direta, tal como a receita bruta, a quantidade de produtos vendidos e a quantidade de tickets (Figura 36).

FIGURA 36 **MEDIDAS BÁSICAS DE VENDAS**

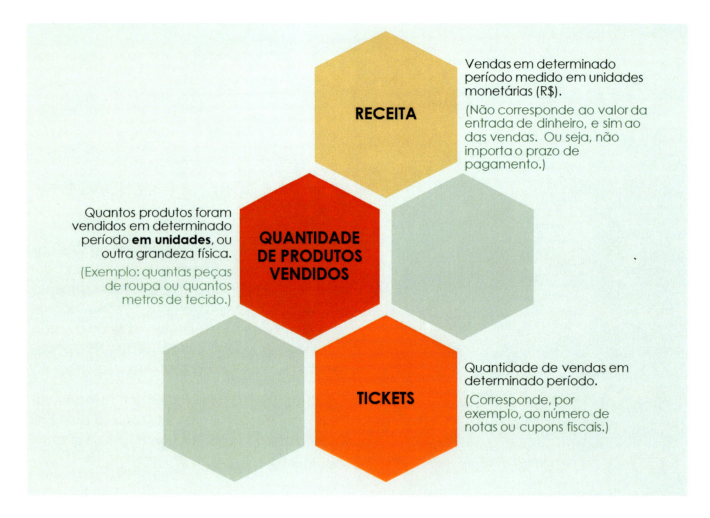

Fonte: a autora

Assim, correlacionando essas medidas básicas entre si, obtemos indicadores como preço médio, ticket médio e peças por atendimento.

EQUAÇÃO 2 **CÁLCULO DO PREÇO MÉDIO**

$$\text{PREÇO MÉDIO} = \frac{\text{RECEITA EM UM DETERMINADO PERÍODO (R\$)}}{\text{QUANTIDADE DE PRODUTOS VENDIDOS NESTE MESMO PERÍODO}}$$

CONCEITO: O **preço médio** corresponde ao valor médio de cada produto vendido. O preço médio efetivo de venda pode ser diferente do preço médio original dos produtos oferecidos por duas razões principais:

- Mix de produtos (em algumas épocas do ano, você vende mais produtos caros e em outras mais produtos mais baratos)

- Promoções sazonais

O preço médio poderá ser calculado para todas as subdivisões de categorias, canais de vendas etc. Relacionando essa informação com a quantidade de vendas por subdivisão, é possível tirar conclusões a respeito dos produtos mais ou menos relevantes para o faturamento, sobre direcionamentos que poderiam ser mais bem exploradas, entre outras avaliações estratégicas.

Fonte: a autora

No mercado de moda, o **preço médio** tende a variar bastante ao longo do ano por conta das promoções sazonais. Além disso, pode acontecer de apurarmos um preço médio maior no inverno do que no verão, pois, em geral, o mix de produtos de inverno inclui peças mais caras (casacos e jaquetas, por exemplo).

O preço médio pode ser calculado para todas as subdivisões de categorias, canais de vendas, e outros critérios que sejam interessantes para análise, de forma que seja possível tirar conclusões sobre produtos mais ou menos relevantes para o faturamento e sobre frentes que poderiam ser mais bem exploradas.

EQUAÇÃO 3 **CÁLCULO DO TICKET MÉDIO**

$$\text{TICKET MÉDIO} = \frac{\text{RECEITA EM UM DETERMINADO PERÍODO (R\$)}}{\text{QUANTIDADE DE VENDAS (TICKETS) NESTE MESMO PERÍODO}}$$

CONCEITO: O **ticket médio** corresponde a quanto cada cliente gastou com sua marca cada vez que realizou compra em um dos seus canais.

Quanto maior o ticket médio, mais produtos o cliente levou a cada compra. Uma das estratégias para ganhar faturamento é buscar ações que tendam a aumentar o ticket médio (ex.: aqueles produtos que ficam nas filas do caixa).

Uma das análises mais importantes de ticket médio é a análise por **canal de vendas**, pois é comum que o ticket médio seja maior em canais físicos do que em canais digitais.

Fonte: a autora

O **ticket médio** corresponde a quanto cada cliente gastou com sua marca cada vez que realizou compra em um dos seus canais. Quanto maior o ticket médio, mais produtos o cliente levou a cada compra. Uma das estratégias para aumentar receitas é buscar ações que tendam a aumentar o ticket médio.

Em geral, o ticket médio é maior nas lojas físicas do que no *e-commerce*, tanto porque o cliente sente mais confiança em investir em produtos mais caros quanto porque o ambiente e o atendimento favorecem que o cliente se interesse por mais produtos.

Analisar o ticket médio por canal de vendas permite que sejam pensadas estratégias de aumento desse indicador específicas para cada canal. Por exemplo, é comum que grandes magazines tenham expositores de produtos ao longo da fila para o caixa com acessórios e outros itens mais baratos. Essa é uma forma de aproveitar melhor a visita do cliente à loja, apresentando a ele produtos que despertem impulso de compra e aumentando o ticket médio. No *e-commerce*, uma estratégia é apresentar sugestões de produtos que combinam com um item selecionado.

Em ambos os casos, a ideia é aumentar a **quantidade de peças vendidas para cada atendimento**, o que se refere ao próximo indicador apresentado na Equação 4.

EQUAÇÃO 4 **CÁLCULO DE PEÇAS POR ATENDIMENTO**

$$\text{PEÇAS POR ATENDIMENTO} = \frac{\text{QUANTIDADE DE PRODUTOS VENDIDOS EM CERTO PERÍODO}}{\text{QUANTIDADE DE VENDAS (TICKETS) NESTE MESMO PERÍODO}}$$

CONCEITO: A quantidade de **peças por atendimento** corresponde à media de produtos que o cliente levou cada vez que realizou uma compra.

Este indicador é análogo ao de ticket médio, mas traz uma visão relacionada à unidade de produto, em vez da quantidade de dinheiro.

Uma das maneiras de buscar um aumento do ticket médio é aumentar o número de peças por atendimento.

Dessa forma, esse indicador também está atrelado à performance comercial do ponto de venda, seja ele físico ou virtual.

Fonte: a autora

Esses três indicadores estão relacionados na Equação 5:

EQUAÇÃO 5 RELAÇÃO ENTRE PREÇO MÉDIO, TICKET MÉDIO E PEÇAS POR ATENDIMENTO

$$\text{TICKET MÉDIO} = \text{PREÇO MÉDIO} \times \text{PEÇAS POR ATENDIMENTO}$$

O ticket médio também pode ser calculado pela multiplicação do preço médio pelas peças por atendimento (dois indicadores secundários).

Quanto maior o ticket médio, mais cada cliente gastou em cada ocasião de compra.

Portanto, o ticket médio pode ser maior em um canal tanto por esse canal ter maior peças por atendimento quanto por ter maior preço médio dos produtos vendidos.

Fonte: a autora

Essa relação demonstra apenas algo que é intuitivo: quanto maior o preço médio e/ou maior a quantidade de peças vendidas por atendimento, maior o ticket médio. Porém, pode acontecer o efeito de um anular o outro, ou seja, se o preço médio cair e o número de peças por atendimento subir, pode ser que se altere pouco o ticket médio.

Essa não é uma relação apenas numérica, é o produto de uma estratégia. É muito comum que marcas jovens ampliem seu mix de produtos de uma coleção para a outra. Às vezes, essa ampliação pode incluir itens mais baratos ou mais caros (alteração do preço médio). O efeito pode ser positivo ou negativo para o negócio.

A princípio, sempre se quer aumentar o ticket médio, pois isso significa obter mais resultado de cada interação com o cliente. Porém, ao adicionar itens mais baratos, se não aumentarmos as peças por atendimento, pode acontecer uma queda no ticket médio. Essa queda pode ser ou não compensada pelo aumento de tickets. É uma avaliação a se fazer, trazendo essa análise de forma consciente, para que, de fato, seja uma estratégia do negócio.

A Tabela 5 apresenta um exemplo de como se pode tabular as vendas mês a mês para obter essas métricas e esses indicadores básicos de vendas. Nessa tabela, os valores são segregados por canal.

TABELA 5 **EXEMPLOS DAS MÉTRICAS BÁSICAS DE VENDAS E INDICADORES DE PREÇO MÉDIO, TICKET MÉDIO E PEÇAS POR ATENDIMENTO**

INDICADORES DE VENDAS	JAN	FEV	MAR	ABR	MAIO	JUN	JUL	AGO	SET	OUT	NOV	DEZ	TOTAL
RECEITA BRUTA (R$)	247.556	209.635	394.616	470.027	455.386	417.275	329.036	312.314	345.350	463.056	490.800	510.280	**4.645.332**
LOJA FÍSICA	125.119	108.122	234.240	282.072	278.211	255.116	181.065	178.109	192.149	276.989	280.151	323.096	**2.714.439**
E-COMMERCE	83.017	77.078	96.819	111.965	104.879	97.913	111.965	92.926	98.046	110.955	142.895	131.985	**1.260.445**
DELIVERY	31.125	23.289	58.535	68.156	69.288	63.560	31.744	28.873	47.785	69.276	64.802	52.934	**609.365**
ATACADO	-	-	4.270	6.614	2.818	-	-	4.069	6.961	5.124	1.840	-	**31.695**
OUTROS	8.295	1.146	752	1.220	190	685	4.262	8.337	409	713	1.112	2.266	**29.388**
PEÇAS	1.125	963	1.268	1.398	1.341	1.249	1.178	1.319	1.118	1.435	1.589	1.526	**15.509**
LOJA FÍSICA	548	482	750	824	808	770	628	729	598	831	897	955	**8.824**
E-COMMERCE	391	370	310	329	310	292	422	407	318	353	479	402	**4.389**
DELIVERY	140	102	172	194	203	183	105	103	153	211	195	156	**1.923**
ATACADO	-	-	30	44	19	-	-	28	46	36	12	-	**215**
OUTROS	46	9	6	7	1	4	23	52	3	4	6	13	**179**
TICKETS	544	451	633	699	661	608	531	645	617	747	767	710	**7.613**
LOJA FÍSICA	249	209	357	433	404	366	273	364	351	437	427	415	**4.285**
E-COMMERCE	217	194	182	173	172	162	200	203	187	196	239	223	**2.348**
DELIVERY	58	44	90	88	84	79	47	49	76	111	97	65	**888**
ATACADO	-	-	2	2	1	-	-	2	2	2	1	-	**12**
OUTROS	20	4	2	3	-	1	11	27	1	1	3	7	**80**

INDICADORES DE VENDAS	JAN		FEV		MAR		ABR		MAIO		JUN		JUL		AGO		SET		OUT		NOV		DEZ		TOTAL
PREÇO MÉDIO	R$	220	R$	218	R$	311	R$	336	R$	340	R$	334	R$	279	R$	237	R$	309	R$	323	R$	309	R$	334	R$	**300**
LOJA FÍSICA	R$	228	R$	224	R$	312	R$	342	R$	344	R$	331	R$	288	R$	244	R$	321	R$	333	R$	312	R$	338	R$	**308**
E-COMMERCE	R$	212	R$	208	R$	312	R$	340	R$	338	R$	335	R$	265	R$	228	R$	308	R$	314	R$	298	R$	328	R$	**287**
DELIVERY	R$	222	R$	228	R$	340	R$	351	R$	341	R$	347	R$	302	R$	280	R$	312	R$	328	R$	332	R$	339	R$	**317**
ATACADO	R$	-	R$	-	R$	142	R$	150	R$	148	R$	-	R$	-	R$	145	R$	151	R$	142	R$	153	R$	-	R$	**147**
OUTROS	R$	180	R$	127	R$	125	R$	174	R$	190	R$	171	R$	185	R$	160	R$	136	R$	178	R$	185	R$	174	R$	**164**
TICKET MÉDIO	R$	455	R$	465	R$	623	R$	672	R$	689	R$	686	R$	620	R$	484	R$	560	R$	620	R$	640	R$	719	R$	**610**
LOJA FÍSICA	R$	502	R$	517	R$	656	R$	651	R$	689	R$	697	R$	663	R$	489	R$	547	R$	634	R$	656	R$	779	R$	**633**
E-COMMERCE	R$	383	R$	397	R$	532	R$	647	R$	610	R$	604	R$	560	R$	458	R$	524	R$	566	R$	598	R$	592	R$	**537**
DELIVERY	R$	537	R$	529	R$	650	R$	775	R$	825	R$	805	R$	675	R$	589	R$	629	R$	624	R$	668	R$	814	R$	**686**
ATACADO	R$	-	R$	-	R$	2.135	R$	3.307	R$	2.818	R$	-	R$	-	R$	2.034	R$	3.480	R$	2.562	R$	1.840	R$	-	R$	**2.641**
OUTROS	R$	415	R$	286	R$	376	R$	407	R$	-	R$	685	R$	387	R$	309	R$	409	R$	713	R$	371	R$	324	R$	**367**
PEÇAS POR ATEND.		2,07		2,14		2,00		2,00		2,03		2,05		2,22		2,04		1,81		1,92		2,07		2,15		**2,04**
LOJA FÍSICA		2,20		2,31		2,10		1,90		2,00		2,10		2,30		2,00		1,70		1,90		2,10		2,30		**2,06**
E-COMMERCE		1,80		1,91		1,70		1,90		1,80		1,80		2,11		2,00		1,70		1,80		2,00		1,80		**1,87**
DELIVERY		2,41		2,32		1,91		2,20		2,42		2,32		2,23		2,10		2,01		1,90		2,01		2,40		**2,17**
ATACADO		-		-		15,00		22,00		19,00		-		-		14,00		23,00		18,00		12,00		-		**17,92**
OUTROS		2,30		2,25		3,00		2,33		-		4,00		2,09		1,93		3,00		4,00		2,00		1,86		**2,24**

Fonte: a autora

No caso da marca apresentada no exemplo, observa-se um efeito de sazonalidade que favorece as receitas brutas de vendas nas épocas próximas ao lançamento das coleções (março, abril, setembro, outubro e novembro). É possível avaliar, por exemplo, que provavelmente se trata de uma marca com estoque enxuto, caso contrário é provável que as vendas se mantivessem maiores até os períodos que antecedem as promoções.

Também é possível verificar os períodos de promoções por meio da venda maior em quantidade de peças e menor em receitas, ou seja, queda dos preços médios (Gráfico 1 e Gráfico 2).

GRÁFICO 1 **EXEMPLO DE GRÁFICO DE ANÁLISE DE RECEITAS E VENDAS EM QUANTIDADES DE PEÇAS POR CANAL**

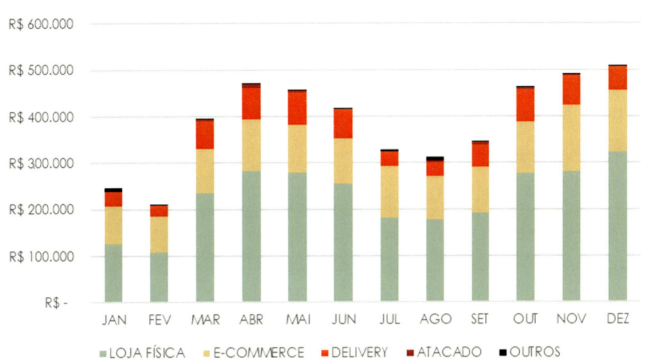

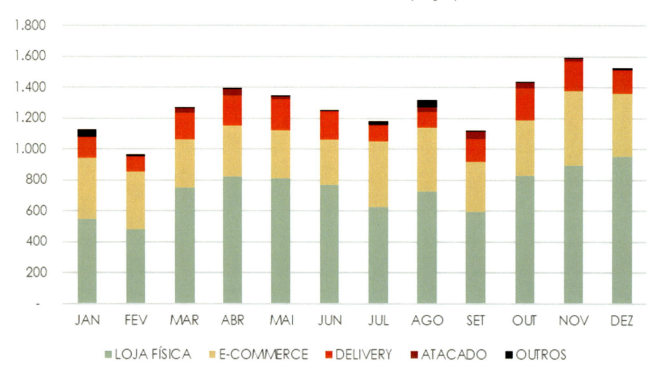

Fonte: a autora

GRÁFICO 2 **EXEMPLO DE VARIAÇÃO DE PREÇO MÉDIO E TICKET MÉDIO**

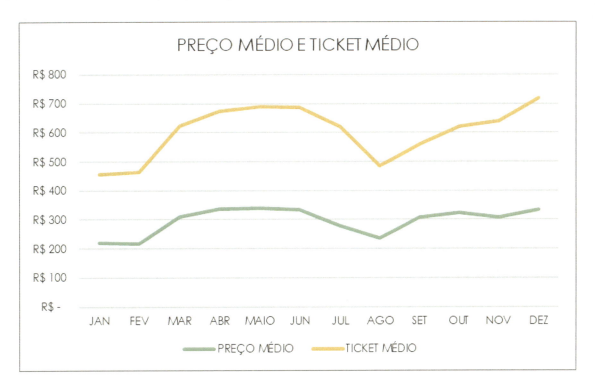

Fonte: a autora

Além da análise por canal de vendas, as métricas e os indicadores podem ser segmentados por diversos outros critérios, tais como: categorias de produtos, linhas de produtos, com ou sem descontos, materiais, tamanhos, gênero etc.

Normalmente, essas análises são realizadas mensalmente, semestralmente, anualmente e por coleção[8]. É interessante manter o histórico desses indicadores mensalmente e observar a variação desses dados ao longo dos meses do ano.

Um exemplo de indicador muito usado para comparar lojas físicas é o de **receita por área de vendas (R$/m²)**, pois serve de referência de quanto determinada loja tem potencial de faturar conforme seu segmento, região etc. Por exemplo, analisar esse indicador para lojas de um determinado shopping pode permitir comparar a performance de uma loja em relação às outras.

Outros indicadores que se tornaram mais populares por conta do varejo digital são a taxa de cliques e a taxa de conversão.

[8] Em tempo, lembrando que nem sempre a coleção corresponde exatamente a um semestre do ano, como no calendário tradicional.

A **Taxa de Cliques** (CTR = número de cliques / número de impressões) corresponde a quantas vezes determinado anúncio foi clicado em comparação com o número de vezes que ele apareceu na tela para usuários. Esse indicador é muito usado para anúncios em redes sociais e permite avaliar o sucesso de determinado anúncio, dando indicativos sobre melhores canais, abordagens comerciais (texto / imagem) etc.

A **Taxa de Conversão** (vendas convertidas / número de pessoas impactadas por determinada ação) pode ser utilizada para mensurar efetividade de ações específicas de marketing e vendas. Por exemplo, se dez pessoas entraram na loja em um dia e duas compraram, a taxa de conversão da equipe de vendas foi 20%. No marketing digital, é comum essa avaliação: por exemplo, se foi enviado um e-mail marketing para 10 mil pessoas e 50 compraram o produto, a taxa de conversão desse e-mail marketing foi 0,5%.

FIGURA 37 **O FUNIL NO MARKETING DIGITAL: IMPRESSÕES, CLIQUES E VENDAS**

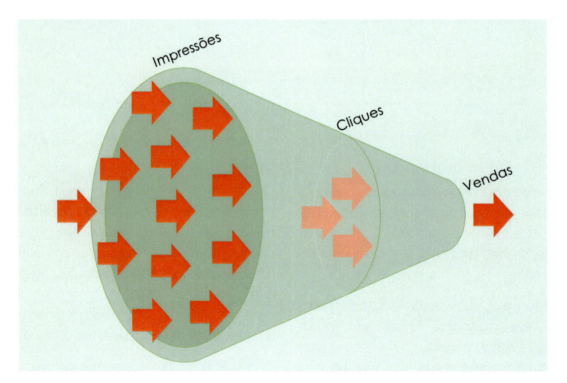

Fonte: a autora

O **Custo de Aquisição de Clientes** (CAC = gastos de marketing e vendas / clientes convertidos) é muito utilizado para modelos de negócios de venda recorrente, como clubes de assinatura, que vêm sendo mais explorados no mercado de moda e correlatos. Um exemplo são as empresas de *sample boxes*, que enviam caixas para experimentação de um mix de produtos mensalmente para seus clientes, muito comuns no mercado de beleza. Nesses modelos de negócios, o crescimento depende da aquisição de novos clientes, e o CAC torna-se um indicador muito valioso.

O **Retorno sobre Investimento** (ROI = resultados financeiros / investimento) é um indicador tradicional e pode ser usado de muitas formas em diversas dimensões diferentes do negócio. No marketing, é utilizado para avaliar resultados financeiros de ações específicas. Por exemplo, se uma empresa investiu em mídia digital R$ 5 mil em determinado mês e teve R$ 50 mil de vendas como resultado, o ROI foi 10. Assim como a taxa de conversão, o ROI permite acompanhar a efetividade das ações de marketing, porém em relação a valores monetários.

Todos esses indicadores são muito úteis para acompanhar a performance de um mesmo negócio ao longo do tempo, tentando compreender se determinada estratégia se mantém eficiente ao longo do tempo, para comparar diferentes ações, ou ainda para comparar a mesma estratégia em diferentes negócios. Essas análises sinalizam necessidades de revisão de estratégia e geram insights para as equipes ajustarem ou criarem ações, sendo fundamentais para o processo de gestão dos negócios.

18.1 Sistemas de Relacionamento com o Cliente ou *Customer Relationship Management* (CRM)

Os Sistemas de CRM são utilizados para integrar todas as informações relacionadas ao cliente em um único local, de forma que todos os canais de vendas e vendedores consigam coletar e acessar dados dos clientes, utilizando-os para aumentar a fidelização e as vendas.

Nos últimos anos, os CRMs multiplicaram-se e especializaram-se com a necessidade de abordar também os canais digitais e o funil de vendas on-line. Nesse sentido, vem sendo cada vez mais importante organizar os dados coletados para permitir experiências customizadas nos canais digitais, utilizando a "clusterização" de clientes.

"Clusterizar" clientes significa agrupá-los segundo similaridades de comportamento e preferências. Por exemplo, é possível dividir clientes que tendem a comprar mais em épocas de lançamentos daqueles que são mais fiéis às liquidações. Também é possível separar clientes assíduos dos esporádicos, e assim por diante. Logo, esses *clusters* permitem que a empresa realize ações específicas mais adequadas para cada perfil de cliente.

Com a gestão dos dados dos clientes e do histórico de vendas, proporcionado por esse tipo de sistema, é possível, por exemplo: obter indicativos de estratégias mais assertivas, realizar ações específicas para cada grupo de clientes, realizar campanhas de remarketing e redução de índices de carrinhos abandonados.

19 CONSTRUÇÃO DA PROJEÇÃO DE VENDAS

Com base nas ações de marketing e no histórico de vendas, é possível realizar a projeção para as vendas de um próximo período do negócio. Essa projeção é a base de todo o planejamento financeiro, pois direciona a quantidade de produtos que deverá ser disponibilizada nas lojas e serve de referência para a estrutura operacional necessária. Com ela, é possível, então, partir para a análise de resultados e fluxo de caixa, verificando a viabilidade e a rentabilidade do plano, temas que serão mais explorados no capítulo 24.

A projeção de vendas deve ser realizada em termos de receitas, peças e tickets para cada mês do negócio e poderá usar como base algumas informações:

I. *Histórico de Métricas e Indicadores de Vendas*

Os dados históricos permitem identificar padrões e, conectados com o contexto da empresa em cada momento, servirão de referência para prever efeitos de possíveis ações estratégicas.

No mercado de moda, receitas, preço médio, ticket médio e peças por atendimento tendem a sofrer variações ao longo do ano por efeito da sazonalidade e dos ciclos de lançamentos e promoções. Analisar o histórico desses indicadores permite que esse efeito seja considerado nas previsões específicas de cada empresa.

Também vale estudar a evolução desses indicadores por canal, por categoria de produtos e outros critérios que possam sofrer efeitos de tendências mercadológicas ou de novas estratégias do negócio.

Por exemplo, uma marca que inaugurou recentemente um *e-commerce* pode ter crescimentos maiores no início desse novo canal, até que ele atinja um ponto de maturação, e isso pode influenciar a projeção de vendas.

II. *Ações Estratégicas de Marketing*

Valendo-se dos objetivos estratégicos, é possível definir um cronograma de ações para um período, como um semestre ou uma coleção. A combinação do histórico de vendas com o impacto esperado dessas ações produz uma projeção de vendas.

Exemplos de ações seriam a ampliação do mix de produtos, abertura de novos canais de vendas, eventos, promoções, parcerias, *collabs* etc. Essas ações devem ser distribuídas em um cronograma e conectadas com um resultado esperado de vendas.

Algumas ações têm objetivos difíceis de se quantificar, tal como fortalecimento de marca. Mas outras geram resultados mensuráveis e devem ser aplicadas sobre a base histórica para compor a projeção de vendas.

III. *Pesquisa de referências externas*

Levantamentos de indicadores do mercado e de empresas concorrentes podem dar referências sobre quanto a projeção está realista. Exemplos de questões que podem orientar esse levantamento são:

- A economia está em um momento de crise ou expansão?

- Quantos % o seu segmento de mercado vem crescendo no último ano?

- O contexto cambial favorece ou desfavorece o crescimento?

- Existem novos benefícios específicos para sua região ou seu segmento?

- Seus concorrentes estão crescendo? O que estão fazendo?

- Quais os principais movimentos dos grandes *benchmarks* do seu segmento?

Esse tipo de questionamento com o olhar para o mercado e para a economia como um todo pode validar ou não a projeção de vendas.

O planejamento de marketing deverá será aprovado apenas após a avaliação dos resultados e do fluxo de caixa projetados, conforme detalhado na Parte IV.

Caso os resultados e o caixa projetados não atendam às expectativas e às restrições dos principais *stakeholders* do negócio, é necessário reavaliar ações e realizar novas simulações de projeções. Apenas quando se obtiver um plano satisfatório, as ações devem ser implantadas.

20 PLANO DE SORTIMENTO

Plano de sortimento é o processo de definir qual o mix de produtos, em que profundidade de grades deverá ser disponibilizado nos estoques da marca, em qual data.

O mix de produtos, discutido no capítulo 16, deve ser definido como parte de uma estratégia mercadológica, ou seja, com o foco em oferecer ao cliente uma variedade interessante de produtos. No plano de sortimento será possível avaliar qual a profundidade ideal de grade a se produzir de cada modelo, cor e tamanho para atender às vendas projetadas (capítulo 19).

O plano de sortimento também contempla a distribuição do estoque entre os diversos pontos de venda ou centros de distribuição.

Exceto nos casos de produção por encomenda, um bom plano de sortimentos é fundamental para a rentabilidade nesse setor, pois a moda tem uma forte característica sazonal e uma parcela importante dos produtos tem um ciclo de vida curto, ou seja, são substituídos a cada coleção. Por isso, quando há sobra de estoque, em geral os produtos precisam ser liquidados e, com isso, a margem cai significativamente.

FIGURA 38 **PLANO DE SORTIMENTO E A DISTRIBUIÇÃO DO ESTOQUE EM DIFERENTES CANAIS DAS MARCAS**

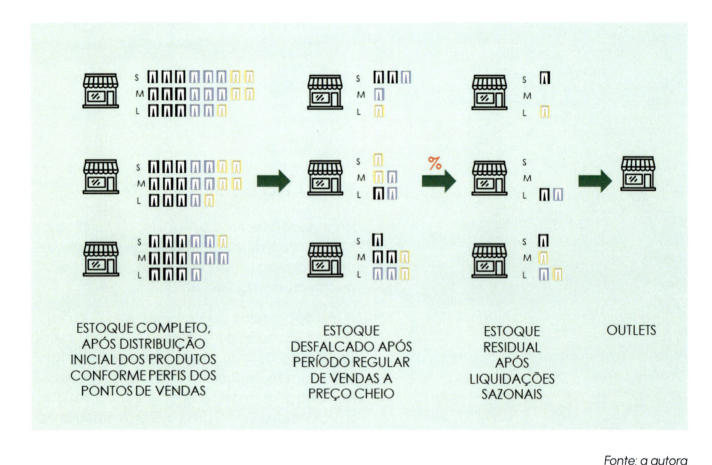

Fonte: a autora

Para desenvolver o plano de sortimento, é importante conhecer o conceito de cobertura de estoque, que significa quanto tempo se estima que determinado estoque vai durar, se as vendas se comportarem como a média das vendas do período.

Por exemplo, se certa empresa tem um estoque de 400 unidades de produto no início de um mês, e espera-se vender cem peças nesse mês, a cobertura de estoque é de quatro meses — ou seja, nessa média, o estoque atual duraria quatro meses.

EQUAÇÃO 6 **COBERTURA DE ESTOQUE**

$$\text{COBERTURA DE ESTOQUE} = \frac{\text{ESTOQUE MÉDIO}}{\text{VENDAS MÉDIAS}}$$

CONCEITO: Quanto tempo se estima que o estoque vai durar caso as vendas se comportarem como a média. Por exemplo, se certa empresa tem estoque médio de 400 unidades de produto e vende 100 peças por mês, a cobertura de estoque será de 4 meses.

Esse indicador pode ser calculado para cada produto individualmente, para uma coleção ou para todo o estoque da empresa. É importante saber interpretar o indicador em cada um desses contextos.

Quando se trata da análise de um produto específico, por exemplo, as vendas naturalmente tendem a cair sempre que o estoque vai ficando desfalcado. Ou seja, do ponto de vista matemático, conforme as vendas de um produto específico vão evoluindo, se não houver reposição, a cobertura vai aumentando.

Porém, quando analisamos uma coleção, com esse indicador conseguimos avaliar se os canais de vendas estão adequadamente abastecidos para sustentar as metas comerciais.

Fonte: a autora

Esse indicador é apenas uma referência, ou seja, não se realizaria no mercado de moda. Isso porque, conforme as vendas vão ocorrendo, o estoque fica desfalcado em modelos, cores e tamanhos e sua probabilidade de venda cai muito. Porém, a cobertura de estoque indica quanto a empresa está abastecida para prover opções suficientes para os clientes.

Se uma boa cobertura de estoque favorece as vendas, o excesso de estoque também pode ser prejudicial, pois pode resultar em muitas sobras.

A análise de cobertura de estoque também deve levar em conta se o cálculo está sendo realizado considerando o estoque total, incluindo sobras de coleções anteriores, ou apenas o estoque da coleção atual e de produtos de linha.

Se desconsiderarmos as sobras de coleções anteriores e os produtos descontinuados, uma boa cobertura de estoque em meses de vendas a preço cheio gira entre três e quatro meses.

A cobertura tende a cair quando se aproximam os períodos de liquidação, assim como quando os desfalques comecem a aparecer.

Exemplo:

Estoque de produtos da coleção atual = 2 mil peças.

Estoque total de produtos (incluindo itens descontinuados) = 3.500 peças.

Vendas médias projetadas para os meses seguintes = 500 peças/mês.

Cobertura de produtos atuais = quatro meses.

Cobertura incluindo todos os itens = sete meses.

A diferença entre os dois cálculos de cobertura de estoque indica quanto a empresa está estocada em termos de itens descontinuados. Esses itens tendem a ser mais difíceis de vender tanto por estarem "fora de moda" quanto pela falta de opções de cores e tamanhos. Nem sempre é interessante promovê-los, pois isso significaria investir na divulgação e ter baixa probabilidade de vendas. Uma alternativa é aproveitar períodos de liquidação das novas coleções, para também impulsionar esses itens mais antigos.

Outro indicador importante para orientar planejamento de sortimento é o **Percentual de Vendas a Preço Cheio**, isto é, qual parcela dos produtos se espera vender antes do início das liquidações sazonais. Esse cálculo envolve a divisão da quantidade de produtos vendidos a preço cheio no período correspondente à coleção vigente pela quantidade total de produtos disponibilizados para venda nessa coleção.

> Para desenvolver o plano de sortimento, é importante conhecer o conceito de **cobertura de estoque**, que significa quanto tempo se estima que determinado estoque vai durar, se as vendas se comportarem como a média das vendas do período.

EQUAÇÃO 7 **CÁLCULO DO PERCENTUAL DE VENDAS A PREÇO CHEIO**

$$\text{\% VENDAS A PREÇO CHEIO} = \frac{\text{QUANT. DE PRODUTOS VENDIDOS A PREÇO CHEIO}}{\text{QUANT. TOTAL DE PRODUTOS DISPONIBILIZADOS PARA VENDA}}$$

CONCEITO: Percentual de produtos lançados em determinada estação que foi efetivamente vendido antes do período de liquidações sazonais.

Essa análise pode ser realizada:

- para o conjunto de todos os produtos de uma estação (mesmo que sejam realizados diversos lançamentos) – avaliação do desempenho da coleção;

- individualmente por produto – avaliação do desempenho comercial do produto, permitindo comparação de diferentes produtos entre si.

Vale notar que a performance de um produto pode não estar relacionada exclusivamente a quanto ele agradou ao mercado, mas também a outros fatores, como a quanto e como foi comunicado e exposto ao público.

Fonte: a autora

Outro indicador básico é o **Percentual de Sobras de Produtos** no fim da coleção. Para calculá-lo, é necessário dividir a sobra total de produtos no fim de um período de liquidação pelo número de produtos novos que foram disponibilizados para venda desde o lançamento.

EQUAÇÃO 8 **CÁLCULO DO PERCENTUAL DE SOBRA DE PRODUTOS NO FINAL DE UMA COLEÇÃO**

$$\% \text{ SOBRAS DE PRODUTOS} = \frac{\text{QUANT. DE PRODUTOS QUE SOBRARAM APÓS A PROMOÇÃO}}{\text{QUANT. TOTAL DE PRODUTOS DISPONIBILIZADOS PARA VENDA}}$$

CONCEITO: Qual percentual dos produtos lançados durante o período de uma estação que sobrou após a realização da promoção sazonal.

Essa análise pode ser realizada:

- para o conjunto de todos os produtos de uma estação (mesmo que sejam realizados diversos lançamentos) – avaliação do desempenho da coleção;

- individualmente por produto – avaliação do desempenho comercial do produto, permitindo comparação de diferentes produtos entre si.

Fonte: a autora

Essas análises podem ser realizadas para o conjunto de todos os produtos de uma estação, mesmo que isso envolva vários lançamentos (o que pode variar de empresa para a empresa), ou pode ser realizada individualmente por produto, avaliando performance comercial de cada produto, comparando diferentes produtos entre si.

Exemplo:

Em uma marca que realize liquidações em janeiro, fevereiro, julho e agosto e concentre lançamentos em outros períodos do ano, podemos adotar o critério de que os períodos de análise seriam março a agosto (inverno) ou setembro a fevereiro (verão).

Itens disponibilizados no período de março a junho (inverno) = 10 mil peças.

Itens vendidos com preço cheio = 7 mil peças.

Itens vendidos com descontos = 1.800 peças.

Percentual de vendas antes da promoção = 7.000/10.000 = 70%.

Percentual de sobras no final da coleção = 1.800/10.000 = 18%.

Nessa mesma marca, podemos analisar a performance de determinada camiseta em três cores diferentes.

TABELA 6 **EXEMPLO DE INDICADORES DE ABASTECIMENTO**

Modelo	Cor	Produção Total	Vendas a Preço Cheio	% Vendas Antes da Liquidação	Sobras após Liquidação	% Sobras
Camiseta Slim Básica	Branca	300	240	80%	6	2%
Camiseta Slim Básica	Azul	120	100	83%	6	5%
Camiseta Slim Básica	Vinho	120	60	50%	24	20%

Fonte: a autora

Nesse caso, as cores branco e azul desse modelo tiveram performances melhores do que a média da coleção, com 80% e 83% de vendas antes da promoção, respectivamente. Enquanto isso, a cor vinho teve uma performance pior que a média, vendendo apenas metade antes da liquidação.

Assim, analisando o percentual de sobras após os descontos, a situação repete-se. Isso indica que a modelagem provavelmente agradou os clientes, mas a cor vinho não teve a mesma receptividade das outras cores. O problema pode ser a cor em si, que não teria agradado, ou a maneira e a intensidade de sua divulgação.

No mercado de moda, pode-se dizer que um bom desempenho corresponde a uma venda aproximada de 70% dos produtos antes da promoção, para marcas especializadas, e de 80% para grandes redes varejistas e marcas com muitos produtos que não sejam sazonais. Com relação às sobras após período de liquidações, um percentual esperado é entre 5% e 15%. Quando

determinado produto esgota antes do período da promoção, pode-se concluir que muitas vendas foram perdidas — o que indica uma falha de planejamento.

Esses índices podem sofrer variações importantes de negócio para negócio, pois estão relacionados com a estratégia geral e o posicionamento de cada empresa. Por exemplo, algumas marcas atuam com percentuais de vendas antes da liquidação menores, mas com *markups* muito altos. Isso pode permitir que a rentabilidade se mantenha mesmo nas vendas da liquidação.

Também é comum que esses percentuais de sobras sejam maiores em marcas iniciantes, já que não conseguem produzir quantidades tão pequenas, devido aos mínimos de compra exigidos pelos fabricantes, mas ainda não têm canais de vendas e bases de clientes suficientes para absorver esse estoque. Quando isso acontece, é importante acompanhar a evolução para que o capital de giro não fique sempre comprometido no estoque.

Exemplo:

A seguinte tabela mostra o planejamento geral de uma coleção de inverno:

TABELA 7 **EXEMPLO DE PLANO DE VENDAS E ESTOQUE**

	MAR	ABR	MAIO	JUN	JUL	AGO
CICLO DE VENDAS		PREÇO CHEIO			LIQUIDAÇÃO	
ESTOQUE INICIAL	600	960	1320	1220	1040	800
COLEÇÃO ATUAL	-	380	760	680	520	320
COLEÇÕES PASSADAS	600	580	560	540	520	480
COMPRAS COLEÇÃO NOVA	600	700	200	100		
VENDAS TOTAIS	240	340	300	280	240	240
VENDAS COLEÇÃO ATUAL	220	320	280	260	200	200
COLEÇÕES PASSADAS	20	20	20	20	40	40
ESTOQUE FINAL	960	1.320	1.220	1.040	800	680
COLEÇÃO ATUAL	380	760	680	520	320	120
COLEÇÕES PASSADAS	580	560	640	520	480	560

ESTOQUE FINAL = ESTOQUE INICIAL + COMPRAS - VENDAS

Fonte: a autora

Nessa tabela, está apresentado o estoque inicial da coleção de inverno e das coleções passadas, as compras da coleção de inverno, as vendas de produtos de inverno e dos produtos antigos e o estoque final.

Conforme o planejamento de vendas e o planejamento de compras de produtos que serão disponibilizados para venda, vamos calculando o estoque final de cada mês:

ESTOQUE FINAL = ESTOQUE INICIAL + COMPRAS - VENDAS

O estoque final de um determinado mês será o estoque inicial do mês seguinte. Dessa forma, é possível visualizar a proporção das vendas de determinado mês em relação ao estoque disponível para vendas e até mesmo calcular a cobertura de estoque, o percentual de vendas antes da liquidação e o percentual de sobras no fim da coleção, conforme mostra a tabela a seguir.

TABELA 8 **EXEMPLO DE PLANO DE VENDAS E SORTIMENTO COM CÁLCULO DE INDICADORES**

	MAR	ABR	MAIO	JUN	JUL	AGO
CICLO DE VENDAS	PREÇO CHEIO				LIQUIDAÇÃO	
ESTOQUE INICIAL	600	960	1320	1220	1040	800
COLEÇÃO ATUAL	-	380	760	680	520	320
COLEÇÕES PASSADAS	600	580	560	540	520	480
COMPRAS COLEÇÃO NOVA	600	700	200	100		
VENDAS TOTAIS	240	340	300	280	240	240
VENDAS COLEÇÃO ATUAL	220	320	280	260	200	200
COLEÇÕES PASSADAS	20	20	20	20	40	40
ESTOQUE FINAL	960	1.320	1.220	1.040	800	680
COLEÇÃO ATUAL	380	760	680	520	320	120
COLEÇÕES PASSADAS	580	560	640	520	480	560
INDICADORES DE ESTOQUE - COBERTURA						
COBERTURA MÉDIA - GERAL (MESES)	5,00	4,88	5,07	4,71	4,33	3,33
EXPECTATIVAS VENDAS GERAL	240	340	300	280	240	240
ESTOQUE INICIAL + COMPRAS	1200	1660	1520	1320	1040	800
COBERTURA - PRODUTOS NOVOS (MESES)	2,73	3,38	3,43	3,00	2,60	1,60
ESTOQUE INÍCIO DO MÊS	600	1080	960	780	520	320
EXPECTATIVA VENDAS COLEÇÃO ATUAL	220	320	280	260	200	200

INDICADORES DE DESEMPENHO DA COLEÇÃO ATUAL

PRODUÇÃO TOTAL	1.600	VENDAS A PREÇO CHEIO	1.080	ESTOQUE FINAL	120
		% VENDAS A PREÇO CHEIO	67,50%	% SOBRAS	7,50%

Fonte: a autora

TABELA 9 **EXEMPLO DE ANÁLISE DE ESTOQUE FINAL**

	MAR	ABR	MAIO	JUN	JUL	AGO
CICLO DE VENDAS		PREÇO CHEIO			LIQUIDAÇÃO	
ESTOQUE INICIAL	600	960	1320	1220	1040	800
COLEÇÃO ATUAL	-	380	760	680	520	320
COLEÇÕES PASSADAS	600	580	560	540	520	480
COMPRAS COLEÇÃO NOVA	600	700	200	100		
VENDAS TOTAIS	240	340	300	280	240	240
VENDAS COLEÇÃO ATUAL	220	320	280	260	200	200
COLEÇÕES PASSADAS	20	20	20	20	40	40
ESTOQUE FINAL	960	1.320	1.220	1.040	800	680
COLEÇÃO ATUAL	380	760	680	520	320	120
COLEÇÕES PASSADAS	580	560	640	520	480	560

Fonte: a autora

Algumas conferências básicas para a avaliação da coerência do planejamento são:

1. *Conferir se o estoque nunca fica negativo: não é coerente que se venda mais do que o que se tem em estoque em uma empresa comum[9].*
2. *Analisar os indicadores mensais de cobertura de estoque, percentuais de vendas com preço cheio e percentual de sobra no fim da coleção. Compare-os com a referência histórica da própria empresa e com as médias observadas no mercado.*

Durante o planejamento de sortimento e uma projeção de vendas, é comum que seja necessário realizar uma calibragem nos números para torná-los coerentes. Essa calibragem permitirá um plano mais assertivo e deverá direcionar as ações práticas das equipes de vendas, produtos e compras.

Outro indicador importante para quem administra o sortimento de produtos para as marcas de moda, em especial para a equipe de compras e logística, é o *lead time*.

LEAD TIME é o tempo entre dois eventos importantes na estrutura de abastecimento.

EQUAÇÃO 9 *LEAD TIME*

$$\text{LEAD TIME} = \begin{array}{c} \text{TEMPO ENTRE DOIS} \\ \text{EVENTOS} \\ \text{(em dias ou meses)} \end{array}$$

CONCEITO: Quanto tempo leva entre dois eventos importantes no seu processo de abastecimento, tais como:

- *Lead Time* de Compras: tempo entre a colocação do pedido de uma mercadoria e a entrega.

- *Lead Time* de Produção: tempo entre o início e o fim da produção.

- *Lead Time* de Distribuição: tempo entre a retirada do produto de seu estoque e a entrega no ponto de venda, ou na casa do cliente.

O *Lead Time* completo de abastecimento pode incluir esses três períodos mencionados acima, além dos tempos de espera em estoque.

Fonte: a autora

Por exemplo, o *lead time* entre a compra e a chegada de um tecido na empresa é o prazo entre a realização do pedido e o recebimento dele, que pode incluir o tempo de aprovação do pedido, de separação e do transporte do tecido.

Já o *lead time* completo de abastecimento de um determinado produto pode incluir o *lead time* de compras, produção e logística de distribuição.

Exemplo:

O lead time de abastecimento de determinada jaqueta bomber é 64 dias úteis, uma vez que ela leva esse tempo para estar nas lojas, a partir do momento que a marca define que vai produzi-la em certa quantidade de peças distribuídas em suas cores e tamanhos.

TABELA 10 **EXEMPLO DE CÁLCULO DE *LEAD TIME***

LEAD TIME DE PRODUTO: JAQUETA BOMBER	64 dias
COMPRAS	**20 dias**
Tecido	15 dias
Zíper	5 dias
Punho de tricô	20 dias
RECEBIMENTO E CONFERÊNCIA DE MATERIAIS RECEBIDOS	2 dias
SEPARAÇÃO E ENVIO PARA CONFECÇÕES	5 dias
CONFECÇÃO	**20 dias**
TRANSPORTE DE RETORNO DAS CONFECÇÕES	2 dias
RECEBIMENTO E CONFERÊNCIA DE PRODUTOS RECEBIDOS	5 dias
SEPARAÇÃO E ENVIO DE PRODUTOS PARA LOJAS	10 dias

Fonte: a autora

Observe que o lead time total do produto é a soma das diversas etapas e que, no caso da compra de materiais, que pode acontecer em paralelo, o prazo considerado é o do material que mais demora para estar disponível.

Se o tecido e outros insumos necessários para a produção levam, no máximo, 50 dias para estarem disponíveis para produção, com o estudo do *lead time* de cada produto e suas etapas, é possível tomar as decisões para garantir que o produto certo esteja disponível na hora certa no varejo, maximizando as vendas e as margens.

Potenciais atrasos em etapas desse processo, que acarretem um aumento do *lead time* geral de abastecimento do produto, geram um reflexo importante tanto na cobertura de estoque, que pode comprometer vendas, quanto na margem da coleção, pois pode provocar uma maior sobra de produtos para liquidação.

Isso porque não é possível "recuperar" todas as vendas perdidas por falta de estoque na hora certa.

PARTE IV:
GESTÃO FINANCEIRA DE NEGÓCIOS DE MODA

21 GESTÃO FINANCEIRA: RESULTADOS E FLUXO DE CAIXA

A função financeira possui duas dimensões principais: a da tesouraria e a da controladoria. A tesouraria é responsável pela gestão de caixa, contas a pagar e a receber, captação de fundos para financiar o negócio, enquanto a controladoria tem relação com a avaliação da performance do negócio — ou seja, a maneira de organizar os dados das vendas e gastos de forma a gerar análises de resultado. A contabilidade atribui classificações e critérios aos dados financeiros e, com isso, apresenta os resultados de uma forma cuja interpretação indica quais são os fatores que podem ser ajustados para aumentar a lucratividade do negócio.

FIGURA 39 **GESTÃO FINANCEIRA: RESULTADOS E FLUXO DE CAIXA**

GESTÃO FINANCEIRA

CONTROLADORIA

- Contabilidade Gerencial e Financeira
- Custeio
- Planejamento Fiscal / Tributário
- Análise de Resultados

"VISÃO CONTÁBIL"
Foco na geração de informações para **análise de desempenho** (lucro ou prejuízo), avaliação de situação financeira, atender a requisitos regulatórios e tributários.

REGIME DE COMPETÊNCIA
Reconhece as receitas no momento da venda e as despesas quando são incorridas.

PROJEÇÃO E ANÁLISE DE
RESULTADOS

TESOURARIA

- Fluxo de Caixa
- Contas a Pagar
- Contas a Receber
- Captação de Fundos
- Investimentos
- Câmbio
- Crédito

"VISÃO FINANCEIRA"
Foco nas entradas e saídas de dinheiro, **mantendo a empresa solvente** para que possa cumprir com suas obrigações e adquira os ativos necessários para realizar suas metas.

REGIME DE CAIXA
Reconhece as receitas e as despesas somente quando ocorrem efetivamente entradas e saídas de caixa.

PROJEÇÃO E ANÁLISE DE
FLUXO DE CAIXA

Fonte: a autora

Pela perspectiva da controladoria, é possível avaliar se a empresa está gerando resultado (lucro ou prejuízo). A apuração do resultado parte das receitas de vendas em determinado período, subtraindo delas os impostos sobre vendas e os custos dos produtos vendidos exatamente no mesmo período, gerando o que chamamos de lucro bruto. Do lucro bruto, são subtraídos as despesas e os impostos sobre lucro, chegando ao resultado líquido.

FIGURA 40 **FORMAÇÃO DE RESULTADOS**

Fonte: a autora

Na análise de resultados, é importante distinguir diversos tipos de gastos. Gasto é um termo mais genérico que compreende CUSTOS, DESPESAS, INVESTIMENTOS e IMPOSTOS.

FIGURA 41 **TIPOS DE GASTO: CUSTOS, DESPESAS, INVESTIMENTOS E IMPOSTOS**

Fonte: a autora

Custo é o que a empresa gasta para produzir os bens ou serviços que serão vendidos. Exemplos típicos no mercado de moda são os materiais, como tecidos e aviamentos; e a mão de obra, que inclui as etapas de corte, costura, arremate, "passadoria", e outros serviços que podem servir para beneficiar o produto, como lavanderia, bordados etc.

Despesa é o que a empresa gasta para manter a sua operação funcionando, mas que não está diretamente relacionada a produzir os itens que venderá. Alguns exemplos de despesas são salários e encargos das equipes administrativas, marketing, vendas, além de aluguel de escritório e loja, de centros de distribuição, gastos com comunicação, eventos, ações de promoção de vendas etc.

Investimento é o que a empresa gasta para adquirir bens ou tecnologias que serão utilizados ao longo de um período mais longo, ou seja, gera benefícios ao longo de todo o seu ciclo de vida. Gastos com aquisição de imóveis, automóveis, máquinas e equipamentos são tipos de investimento.

FIGURA 42 **APROPRIAÇÃO DOS INVESTIMENTOS À ANÁLISE DE RESULTADOS POR MEIO DA DEPRECIAÇÃO**

Fonte: a autora

Por exemplo, se a empresa compra uma máquina de R$ 10 mil em janeiro, esse valor não deve ser considerado uma despesa imediatamente, pois gerará resultado por diversos anos, e não seria razoável considerar que esse mês tivesse um lucro R$ 10 mil menor (ou um prejuízo maior) por conta de um gasto que trará benefícios de longo prazo. Além disso, essa máquina poderá ser revendida no futuro, ou seja, ela mantém certo valor.

Enquanto essa máquina está em operação, a contabilidade considera que ela perde gradualmente um pouco de valor por meio do cálculo da depreciação. A depreciação é o que converte o investimento em despesa, gradualmente, ao longo da vida útil do bem.

É comum dizer que se "investiu" em uma campanha de marketing, e é um fato que se espera ter um resultado de curto, médio e longo prazo com ela. Porém, o valor gerado por esse gasto em geral é intangível, não é facilmente mensurável nem necessariamente se mantém. Além disso, geralmente não pode ser transferido (em um sentido de ser revendido). Por isso, gastos de marketing, tecnicamente, não são investimentos, e sim despesas.

Além desses três tipos de gastos, também temos os **impostos sobre receitas e lucros**, tais como Simples, ICMS, PIS e Cofins. Vale observar que os ENCARGOS sobre a folha de pagamento não fazem parte desse grupo. Exemplos de encargos são INSS e FGTS, que podem ser custos ou despesas, dependendo se os geradores desses encargos forem salários de funcionários de produção (custos) ou de outras áreas da empresa (despesas).

Além de ser necessário discernir os tipos de gastos, a análise de resultados também exige que os valores sejam apurados por **regime de competência**. Nesse regime, os valores de receitas e gastos não são considerados pelas datas de entradas e saídas de dinheiro no banco, e sim utilizando os seguintes critérios:

- as receitas são consideradas conforme a data da venda (independentemente da data de entrada do dinheiro);

- os impostos são considerados nas datas das receitas que os geraram;

- os custos referem-se aos produtos vendidos no período (e não às datas de saídas de caixa);

- as despesas são consideradas conforme o momento no qual a empresa se comprometeu com o gasto (e não nas datas de saídas de caixa).

A apuração de resultados é menos direta do que a análise de fluxo de caixa, pois envolve a contabilização dos gastos por data de competência, a apuração dos custos e do estoque, e a classificação das saídas segundo categorias (contas contábeis).

A gestão de caixa é realizada pela dimensão da tesouraria, e permite que a empresa tenha a visão se ela é solvente, ou seja, se tem recursos em caixa para cumprir com suas obrigações de pagamento.

No cotidiano de uma empresa, é muito comum que as atividades relacionadas a essa dimensão da gestão financeira sejam realizadas, mesmo que de maneira simples, pois é praticamente impossível operar o negócio sem controle sobre o saldo das contas bancárias e sem ter controle dos pagamentos que devem ser realizados. Para ilustrar, a perspectiva da tesouraria é análoga aos controles básicos de finanças pessoais.

Essa perspectiva considera os gastos pela data de pagamento e as receitas pela data de recebimento, o que é chamado de **regime de caixa**.

Dessa forma, é possível que uma empresa esteja tendo lucro e não tenha caixa e vice-versa. No mercado de moda é muito comum que uma empresa tenha falta de caixa quando está crescendo, mesmo que esteja lucrativa. Observe que as coleções são desenvolvidas com antecedência, e, quando os produtos são disponibilizados para venda, boa parte de seus custos já foram pagos. Por outro lado, as vendas acontecem gradualmente e, geralmente, o cliente paga a prazo. Conforme as vendas de uma coleção acontecem, a próxima já está sendo desenvolvida.

Ao crescer, as compras da próxima coleção são maiores do que da coleção anterior, aumentando a necessidade de capital de giro, tornando provável que seja necessário injetar caixa. Dizemos, então, que o ciclo financeiro dos negócios de moda tradicionais é longo, pois o intervalo de tempo entre os pagamentos dos produtos e os recebimentos das vendas é grande, e negativo no crescimento, pois os pagamentos acontecem antes dos recebimentos.

Em mercados como o de roupas por encomenda, muito comum no mercado de festas, esse ciclo pode se inverter, pois, em geral, o pagamento é realizado no momento da encomenda, portanto antes de a empresa gastar para realizar a produção.

A gestão de fluxo de caixa envolve um bom controle das contas a pagar e das contas a receber, tanto no que tange a vendas e compras efetivas quanto na inclusão de previsões. Essa projeção permite que a empresa se organize e não fique insolvente.

As duas gestões — resultado (competência) e caixa — são fundamentais para o negócio, a primeira para a tomada de decisões estratégicas e a segunda para garantir a solvência e gerenciar fundos.

FIGURA 43 CICLO FINANCEIRO DE NEGÓCIOS

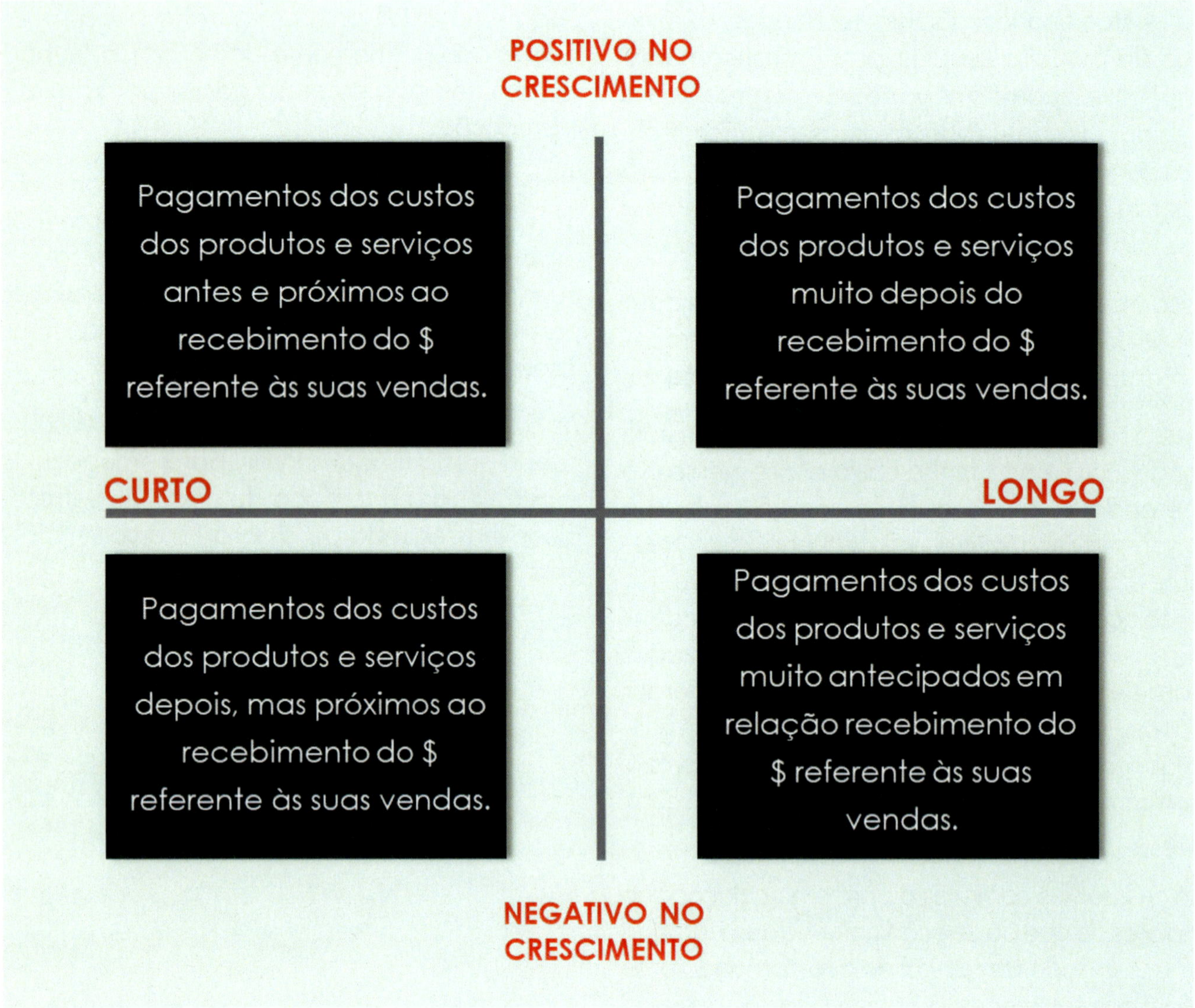

POSITIVO NO CRESCIMENTO

Pagamentos dos custos dos produtos e serviços antes e próximos ao recebimento do $ referente às suas vendas.

Pagamentos dos custos dos produtos e serviços muito depois do recebimento do $ referente às suas vendas.

CURTO

LONGO

Pagamentos dos custos dos produtos e serviços depois, mas próximos ao recebimento do $ referente às suas vendas.

Pagamentos dos custos dos produtos e serviços muito antecipados em relação recebimento do $ referente às suas vendas.

NEGATIVO NO CRESCIMENTO

Fonte: a autora

FIGURA 44 **CICLO FINANCEIRO DE NEGÓCIOS DE MODA EM COMPARAÇÃO A OUTROS SETORES**

Fonte: a autora

22 CUSTEIO

Conforme explicado no capítulo anterior, custos são os tipos de gastos empregados na obtenção ou produção dos itens que serão vendidos. No caso dos negócios de moda, temos os seguintes exemplos:

- em uma loja que apenas revende os produtos comprados, o valor pago pelos itens comprados é o custo desses itens;

- em uma indústria que produz peças de roupas, o valor dos tecidos, aviamentos, mão de obra de corte, costura, arremate e "passadoria" são os custos.

Custeio é o processo por meio do qual os gastos de obtenção dos produtos são atribuídos a cada item que será vendido. Com o resultado desses cálculos, é possível analisar o lucro bruto e a margem bruta de cada produto, ou seja, quanto ele gera de contribuição após a subtração dos impostos e dos custos. É com a margem bruta dos produtos vendidos em determinado período que se pretende pagar as despesas e ainda se obter lucro em um negócio[10].

---

[10] O método de custeio no qual os custos indiretos são rateados para se obter o custo total do produto é chamado custeio por absorção.

O custeio é a base de uma análise muito importante nos negócios, pois permite analisar a diferença de margem bruta entre diferentes produtos, a variação dessa contribuição nos períodos de liquidação, entre muitas outras análises.

Os custos podem ser diretos ou indiretos. **Custos diretos** são diretamente apropriados a um produto. No mercado de moda, em geral os custos de materiais são custos diretos.

Exemplo:

Uma calça que conta com os seguintes materiais: tecido, forro para os bolsos, botão, zíper e entretela.

TABELA 11 **EXEMPLO DE CÁLCULO DE CUSTO DIRETO**

MATERIAL		CONSUMO	UNIDADE	PREÇO UNITÁRIO		CUSTO POR PEÇA	
Tecido Principal	Sarja	1,5	metro	R$	20,00	R$	30,00
Botão	Pressão Níquel	1,0	unidade	R$	1,00	R$	1,00
Forro	Cambraia de Algodão	0,1	metro	R$	10,00	R$	1,00
Zíper	Médio - Níquel - 15cm	1,0	unidade	R$	2,00	R$	2,00
TOTAL						R$	34,00

Fonte: a autora

Para chegar ao valor unitário de cada material do produto, é necessário, previamente, ter calculado o consumo desses materiais. No caso do botão e do zíper, é apenas realizar uma contagem do material utilizado. No caso do tecido e do forro, precisa ser calculado o consumo segundo o encaixe das partes de modelagem no tecido, conforme explicado no capítulo 5.

Enquanto isso, os **custos indiretos** precisam ser apropriados ao produto segundo algum critério de rateio, ou seja, utilizando alguma métrica intermediária. Por exemplo, uma costureira que tenha o salário de R$ 2 mil está relacionada à produção de diversas peças de roupas durante o mês ao qual esse salário se refere. Para calcular quanto cada uma dessas peças custou em termos de costura, é necessário utilizar um critério de rateio, ou seja, distribuir esses R$ 2 mil pelas peças produzidas de alguma forma.

FIGURA 45 **CUSTOS DIRETOS E INDIRETOS**

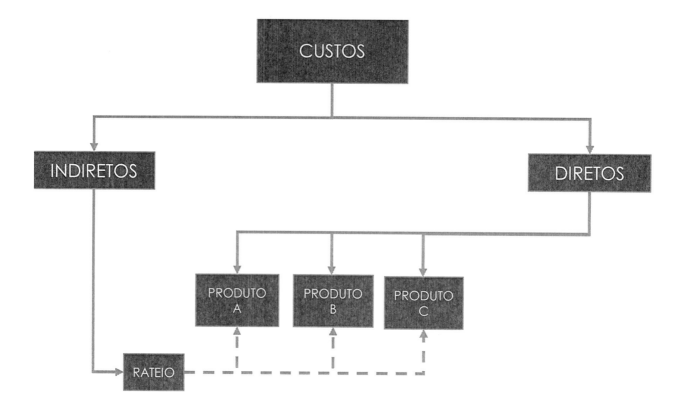

Fonte: a autora

Para distribuir os custos indiretos entre os produtos, é necessário realizar rateio. **Rateio é um processo que envolve utilizar referências para dividir um determinado valor. Essas referências são chamadas de CRITÉRIOS.** Por exemplo, se você quiser dividir o valor de um aluguel entre área produtiva e área de escritório, você pode RATEAR o valor desse aluguel utilizando como critério a quantidade de metros quadrados ocupados por cada um.

FIGURA 46 **RATEIO DE CUSTOS INDIRETOS**

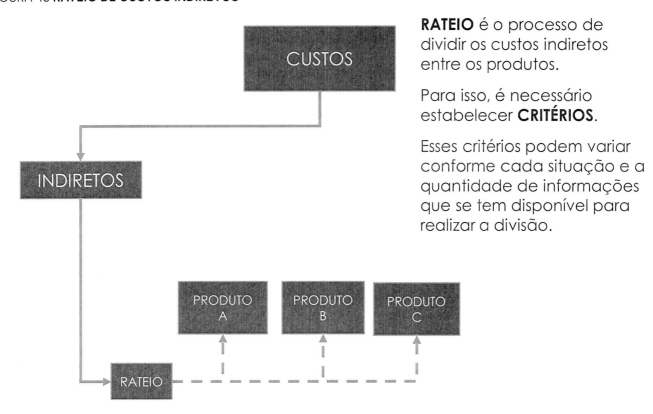

Fonte: a autora

Os critérios de rateio podem ser escolhidos pela empresa de maneira a representar com maior ou menor precisão os custos de um produto.

Exemplo:

Uma empresa gastou R$ 35 mil com sua equipe de produção entre salários e encargos em determinado mês, e essa equipe foi capaz de produzir mil peças de roupa.

Uma maneira de ratear o valor total de R$ 35 mil seria dividir pela quantidade de peças produzida. Nesse caso, consideraríamos R$ 35/peça de mão de obra.

FIGURA 47 **EXEMPLO DE RATEIO**

Fonte: a autora

Nesse exemplo, foi utilizado um critério de rateio bem simples: a quantidade de peças produzida. Porém, podemos analisar que, entre as mil peças produzidas, algumas eram muito mais complexas do que outras, o que tornaria esse critério insatisfatório para analisar as margens dos produtos e auxiliar a tomada de decisão.

Uma alternativa seria estudar os processos produtivos e o tempo de produção de cada produto.

Em seguida, poderia ser realizada uma multiplicação desse tempo pelo que chamamos de taxa horária.

Taxa horária é quanto custa para a empresa uma hora de trabalho de um funcionário de produção. Ou seja, quanto custa para a empresa um homem-hora. **Homem-hora** é o equivalente a uma hora de trabalho de um funcionário.

FIGURA 48 **CONCEITOS DE TAXA HORÁRIA E HOMEM-HORA**

TAXA HORÁRIA

Quanto custa para a empresa uma hora de trabalho de um funcionário, incluindo:

- Salários
- Encargos
- Benefícios
- Horas Extras
- Ineficiências ("tempos mortos")

HOMEM-HORA

Medida que representa uma hora de trabalho de um funcionário.

Exemplo:

10 funcionários no setor de costura. Cada um trabalha **8 horas** por dia, durante **20 dias** por mês.

Tempo disponível de costura por mês = 10 x 8 x 20 = 1.600 homens-hora

Fonte: a autora

Exemplo:

Se a empresa conta com dez funcionários no setor de costura, e cada um trabalha oito horas por dia, são 80 homens-hora por dia disponíveis nesse setor.

Se considerarmos 20 dias úteis por mês, são 80 vezes 20, que equivalem a 1.600 homens-hora disponíveis nessa empresa para a etapa de costura em cada mês.

Assim, dando continuidade ao exemplo anterior, se, ao somar os homens-hora disponíveis nas outras etapas de corte, acabamento e "passadoria", se tenha um total de 2 mil horas de produção: pode-se calcular a taxa horária dividindo os R$ 35 mil de salários, encargos, benefícios, horas extras etc. por 2 mil horas, chegando a R$ 17,5 por homem-hora trabalhado na produção.

FIGURA 49 **CÁLCULO DE TAXA HORÁRIA**

12 FUNCIONÁRIOS

8h 20' POR DIA POR FUNCIONÁRIO
(= 8,33 h POR DIA POR FUNCIONÁRIO)

20 DIAS ÚTEIS NO MÊS

HOMENS-HORA DISPONÍVEIS POR MÊS = 12 X 8,33 X 20 = **2.000 HOMENS-HORA (hh)**

TAXA HORÁRIA = R$ 35 MIL / 2.000 hh = **R$17/hh**

Fonte: a autora

Após o cálculo da taxa horária, é necessário realizar um estudo de tempos de produção para cada etapa da confecção. Por exemplo, o processo de confeccionar uma calça pode ser repartido nas etapas de:

- enfesto e corte;

- separação;

- costura;

- acabamento e arremate; e

- "passadoria".

É necessário estimar o tempo necessário de produção dessa calça em cada uma dessas etapas produtivas e, então, multiplicar o homem-hora de produção por esses tempos.

Exemplo:

Uma produção de 50 calças, cujos tempos de produção são:

- *três horas para fazer o enfesto e corte, utilizando apenas um funcionário;*

- *meia hora para separar as peças e preparar pacotes para a costura, utilizando apenas um funcionário;*

- *cinco costureiras levam um dia de oito horas para costurar o lote;*

- *duas arrematadeiras levam três horas para pregar botões e realizar a limpeza da peça;*

- *uma passadeira leva um dia de oito horas para realizar a "passadoria" do lote todo.*

Com base nessas informações, é possível calcular quantos homens-hora (hh) foram necessários para produzir cada peça (Figura 50).

FIGURA 50 **EXEMPLO DE CÁLCULO DE HOMEM-HORAS POR ETAPA DE PRODUÇÃO**

Exemplo: certo modelo de calça cujo lote de produção foi de 50 peças e tomou o seguinte tempo:

1. Enfesto e corte – 3 horas em 1 funcionário = 3 hh / 50 pçs = **0,60 hh/pç**

2. Separação – 0,5 horas em 1 funcionário = 0,5 hh / 50 pçs = **0,01 hh/pç**

3. Costura – 1 dia de 8 horas em 5 funcionários = 40 hh / 50 pçs = **0,80 hh/pç**

4. Acabamento e arremate – 3 horas em 2 funcionários = 6 hh/50 pçs = **0,12 hh/pç**

5. Passadoria – 8 horas em 1 funcionário = 8 hh / 50 pçs = **0,16 hh/pç**

TOTAL = 1,69 hh/pç

Fonte: a autora

Observe que o número de homens-hora precisa considerar o número de pessoas que estava trabalhando diretamente no processo do produto. Ou seja, nas etapas em que mais de um operador estava atuando na produção, é necessário multiplicar o tempo pelo número de operadores, para só então dividir pelo número de peças produzidas. No caso apresentado, na costura, eram cinco funcionários trabalhando um dia. Cada um trabalhou oito horas, mas, no total, foram cinco funcionários multiplicado por oito horas, ou seja, 40 homens-hora. Esses 40 homens-hora devem ser divididos pelo lote total de 50 peças para se chegar ao tempo unitário de costura por peça. Nesse caso, na costura, são

40 homens-hora divididos por 50 peças, ou seja, 0,8 homem-hora/peça.

Logo, realizando essa etapa para todos os processos, e somando o tempo unitário de cada etapa, o resultado foi 1,69 hora por peça[11].

Assim, relembramos que calculamos uma taxa horária de R$ 17,5 por hora dessa empresa, no início do exemplo. Para obter o custo de mão de obra por peça, é, então, necessário multiplicar a taxa horária pelo tempo de produção da peça (Figura 51).

---

[11] Observe que 1,69 homem-hora corresponde a 1 hora + 0,69 hora. No entanto, 0,69 hora é 0,69 x 60 minutos, ou seja, 41 minutos. Assim, 1,69 hora é o mesmo que 1 hora e 41 minutos (e não 1 hora e 69 minutos).

FIGURA 51 **EXEMPLO DE CÁLCULO DE CUSTO DE MÃO DE OBRA DE CONFECÇÃO CONFORME A TAXA HORÁRIA E DO TEMPO DE PRODUÇÃO**

HOMENS-HORA APLICADOS X TAXA HORÁRIA = CUSTO TOTAL DE MÃO DE OBRA

OU SEJA

CUSTO DE MÃO DE OBRA = 1,69 hh / pç x R$ 17,50 / hh = R$ 29,56 / pç

E

CUSTO TOTAL = CUSTO DE MATERIAIS + CUSTO DE MÃO DE OBRA

OU SEJA

CUSTO TOTAL = R$ 34,00 + R$ 29,56 = R$ 53,68

Fonte: a autora

Assim, somando o custo dos materiais ao de mão de obra, obtém-se o custo unitário total do produto. Ou seja, com R$ 34 de materiais somados aos R$ 29,56 de mão de obra, é possível obter o custo total de R$ 53,68 por calça produzida.

Além dos custos de materiais e mão de obra, é possível atribuir aos produtos também a parte do gasto com aluguel, energia elétrica, água, manutenção e outros que estejam relacionados diretamente à produção. Da mesma maneira que se rateiam os custos de mão de obra, também é necessário estabelecer critérios para ratear esses outros custos indiretos.

O custeio para empresas que trabalham com produção interna tende a ser muito mais complexo do que o custeio para empresas que compram produtos prontos para revendê-los. Uma complexidade intermediária está relacionada ao custeio de marcas que compram materiais, mas terceirizam a produção. Isso acontece porque, quando a produção é interna, boa parte dos custos de mão de obra tende a ser indireta. Quando terceirizamos a produção, esses custos, em geral, são diretos.

Por exemplo, se a etapa de costura é terceirizada, e a empresa subcontratada cobra R$ 15 por peça produzida, não é necessário realizar o rateio da mão de obra de costura. Apenas se atribui diretamente o valor de R$ 15 por unidade, como um custo direto.

Portanto, no caso de uma marca que não produz, ou de uma loja multimarcas, o custo do produto é exatamente o valor pago para comprá-lo.

A apuração dos custos individuais de cada produto permite a análise do *markup* e da margem bruta de cada produto. O **markup** já foi explicado no subcapítulo 17.1. O lucro bruto de um produto é o que sobra quando subtraímos os impostos sobre as vendas[12] e o custo do produto. Esse valor deve ser dividido pelo preço de venda líquido (que corresponde ao preço de venda bruto menos os impostos) para obter o percentual de margem bruta.

É com a soma do lucro bruto de todos os produtos vendidos em determinado período que são pagas as despesas e se apura o lucro. Quando o lucro bruto de certo período é menor do que as despesas, a empresa tem prejuízo (Gráfico 3).

GRÁFICO 3 **ANÁLISE DE MARGEM BRUTA POR PRODUTO E POR PERÍODO DE VENDAS**

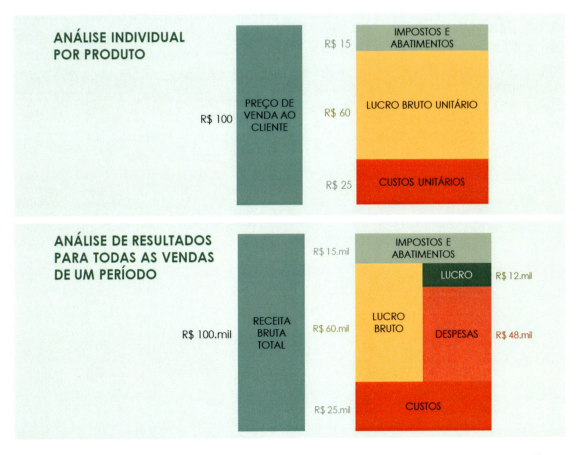

Fonte: a autora

Quando realizamos a análise por produto, a visão é antes das vendas. Assim como o *markup*, a margem bruta pode ser reduzida conforme sejam concedidos descontos. Por isso, a avaliação da margem bruta por período pode não ser compatível com as expectativas. Nas projeções de resultados futuros, que serão mais bem exploradas no capítulo 24, é fundamental incluir uma avaliação de qual parcela dos produtos será vendida com descontos, e quanto será o percentual médio aplicado de descontos para esses produtos.

A margem bruta pode ser medida em valor monetário, em percentual do preço de venda bruto ou percentual do preço de venda líquido. A sua análise é parecida com a do *markup*, ou seja, quanto maior a margem bruta em percentual, maior o *markup*. Porém, quando se trata de valores monetários, é possível que um produto com *markup* menor que o outro tenha uma margem bruta maior.

Veja o exemplo na Tabela 12, que apresenta a análise de margens brutas e markups de cinco produtos.

O Preço de Venda Bruto corresponde ao preço pelo qual o produto é vendido pelo consumidor. Com base nesse preço, é calculado o Preço de Venda Líquido, subtraindo os impostos sobre vendas; e a Margem Bruta, subtraindo o custo unitário de cada produto.

Nesse exemplo, pode-se observar que a Margem Bruta em valores monetários varia de R$ 53 para o "Produto 1", que é o mais barato dessa seleção, para R$ 136 para o "Produto 5", que é o mais caro dessa seleção. Porém, apesar de a margem em reais ser menor, o "Produto 1" tem um markup bem maior do que o "Produto 5" (4,21 para o "Produto 1" e 3,55 para o "Produto 5").

TABELA 12 **EXEMPLO DE CÁLCULO DE MARGEM BRUTA, *MARKUP*, PREÇO MÉDIO, CUSTO MÉDIO E *MARKUP* MÉDIO DE PRODUTOS**

	PRODUTO 1		PRODUTO 2		PRODUTO 3		PRODUTO 4		PRODUTO 5		TOTAL
PREÇO DE VENDA BRUTO	R$	**80**	R$	**100**	R$	**140**	R$	**200**	R$	**220**		
(-) IMPOSTOS	R$	8	R$	10	R$	14	R$	20	R$	22		
(=) PREÇO DE VENDA LÍQUIDO	R$	72	R$	90	R$	126	R$	180	R$	198		
(-) CUSTO UNITÁRIO	R$	19	R$	29	R$	40	R$	60	R$	62		
(=) LUCRO BRUTO UNITÁRIO	**R$**	**53**	**R$**	**61**	**R$**	**86**	**R$**	**120**	**R$**	**136**		
MARGEM BRUTA (% sobre preço de venda líquido)		74%		68%		68%		67%		69%		
MARKUP		4,21		3,45		3,50		3,33		3,55		
QUANTIDADES DISPONIBILIZADAS PARA VENDA		**100**		**80**		**120**		**70**		**50**		**420**
QUANTIDADE X PREÇO DE VENDA BRUTO	R$	8.000	R$	8.000	R$	16.800	R$	14.000	R$	11.000	R$	**57.800**
QUANTIDADE X PREÇO DE VENDA LÍQUIDO	R$	7.200	R$	7.200	R$	15.120	R$	12.600	R$	9.900	R$	**52.020**
QUANTIDADE X CUSTO UNITÁRIO	R$	1.900	R$	2.320	R$	4.800	R$	4.200	R$	3.100	R$	**16.320**
QUANTIDADE X MARGEM BRUTA	R$	5.300	R$	4.880	R$	10.320	R$	8.400	R$	6.800	R$	**35.700**
PREÇO MÉDIO											R$	**138**
CUSTO MÉDIO											R$	**39**
MARGEM BRUTA MÉDIA (% sobre preço de venda líquido)												**68,6%**
MARKUP MÉDIO												**3,54**

Fonte: a autora

É muito comum que seja feita a pergunta: "Qual é o *markup* ideal para meu negócio?" Essa questão tem uma resposta diferente para cada negócio. Mesmo em empresas concorrentes, pode ser que o *markup* médio suficiente para gerar lucro em uma empresa seja diferente do que em outra.

Além disso, no subcapítulo 17.1, foi explicada a questão de que **o *markup* não precisa ser único para todos os produtos. O importante é que a Margem Bruta seja suficiente para pagar as despesas e gerar um lucro interessante.**

GRÁFICO 4 **RELAÇÃO ENTRE PREÇO E CUSTO NA GERAÇÃO DE LUCRO DOS NEGÓCIOS DE MODA**

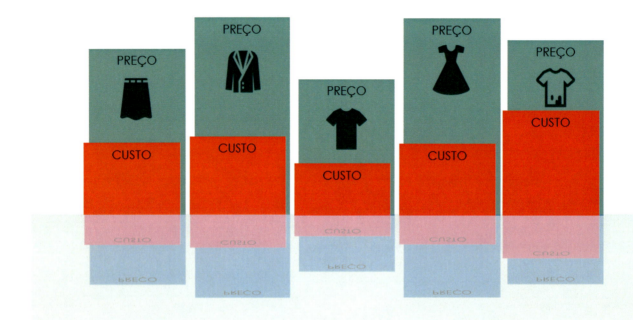

O **Markup** não precisa ser único para todos os produtos. O importante é que o **Lucro Bruto** resultante da venda de todos os produtos seja suficiente para pagar as despesas e gerar lucro.

Fonte: a autora

Para realizar essa análise, é fundamental calcular preço médio, custo médio e *markup* médio de todos os produtos que serão disponibilizados para venda em determinado período — o que pode corresponder a uma coleção ou a uma composição de itens básicos com itens sazonais.

E também é importante lembrar que o cálculo dessas médias deve levar em conta a ponderação da quantidade de peças disponibilizadas para venda para cada produto (média ponderada). Isso porque é comum que sejam produzidas mais peças para produtos mais básicos, de preço médio menor, e menos quantidades para itens diferenciados. A média simples distorce a análise, pois dá o mesmo peso para todos os produtos.

Assim, retornando ao exemplo anterior, veja que foram realizados os cálculos do preço e do custo multiplicados pelas quantidades disponibilizadas para venda para, então, calcular o preço médio e o custo médio. Com base no preço médio e no custo médio, calculamos o markup *médio.*

O *markup* médio é o resultado do preço de venda bruto de todo o estoque que será disponibilizado para venda dividido pelo custo de todo esse estoque. A mesma lógica aplica-se para a margem bruta média em percentual. Essas médias serão úteis para a realização da projeção e análise de resultados, e posteriormente como indicadores para avaliação dos resultados efetivos.

23 ORÇAMENTO DE DESPESAS

Realizar o Orçamento de Despesas significa prever todos os gastos envolvidos na manutenção da empresa em funcionamento. Alguns exemplos de despesas operacionais são:

- infraestrutura administrativa (aluguel, energia, telefonia, internet, entre outras despesas relacionadas à manutenção do escritório);

- salários, encargos e prestadores de serviços que não estejam relacionados à produção;

- despesas de vendas e marketing; e

- despesas financeiras (juros pagos, taxas e tarifas bancárias).

As empresas também variam em relação aos tipos de despesas e à maneira como preferem agrupá-las para realizar a análise. Por exemplo, algumas empresas preferem agrupar os salários e encargos de todos os colaboradores em uma conta de "Despesas com Pessoal" e outras preferem dividi-los em suas áreas funcionais. No segundo caso, as pessoas do marketing entram no grupo de "Despesas de Marketing", as do financeiro em "Despesas Administrativas", e assim por diante. O importante é buscar um critério que atenda às necessidades de análise gerenciais do negócio e que se mantenha ao longo do tempo, de forma que seja possível construir uma base histórica para auxiliar o planejamento e a comparação entre os diversos anos de operação.

Muitas vezes, é difícil relacionar as despesas com a geração de vendas e resultados. Por exemplo, quanto pagar o aluguel de um escritório mais caro, mas mais perto de uma loja importante, pode ajudar nos resultados do negócio?

Outras vezes é possível estabelecer relações mais claras, como é o caso dos gastos com impulsionamento de *posts*. Nesse caso, é comum que seja medido o retorno sobre o investimento. Por exemplo, se foram gastos R$ 300 para impulsionamento de um *post* com um vestido cuja venda efetivada como fruto desse gasto correspondeu a R$ 3 mil, pode-se dizer que o retorno foi de dez vezes o valor do *post*.

Vale notar que esse é um indicador simples, que não leva em conta muitas informações financeiras, como o custo do produto, os descontos concedidos etc., porém auxilia na avaliação do desempenho desse gasto.

A orçamentação de despesas envolve avaliar algumas questões para cada tipo de gasto:

- Qual é o histórico do negócio desse gasto?

- Quais as alternativas no mercado para esse gasto?

- Quanto esse gasto é essencial para a existência do negócio?

- Qual o impacto desse gasto nos resultados de curto, médio e longo prazo de vendas e lucro?

As respostas para essas perguntas podem ser qualitativas e quantitativas. Sempre que possível, é interessante gerar análises quantitativas para embasar a tomada de decisão.

A gestão deve perseguir eliminar gastos que não geram resultado nem são essenciais. Apesar de ser uma afirmação óbvia, essa é uma análise que nem sempre é feita de maneira rotineira e sistemática. Com isso, ao longo do tempo, podem ir se acumulando despesas desnecessárias.

23.1 Orçamento de marketing

O orçamento de marketing é uma parte especial do orçamento de despesas por dois motivos:

1. tem a capacidade de interferir de maneira mais direta nos resultados, já que afeta o posicionamento da empresa no mercado e sua capacidade de impactar os consumidores, atraindo-os para o funil de vendas; e

2. pode exigir maior flexibilidade ao longo do tempo, já que o mercado muda o tempo todo e requer novas maneiras de fazer marketing.

O segundo fator é especialmente relevante para negócios pequenos ou em crescimento acelerado. Isso porque, além de precisarem lidar com as mudanças do mercado, também estão lidando com mudanças internas constantes.

Saber qual é o *budget*[13] *de marketing é uma questão recorrente aos empresários de moda e seus parceiros de marketing, como agências de marketing digital, conteúdo, growht*[14] *etc. Muitos buscam essa resposta por meio de um percentual do faturamento do negócio, porém esse percentual serve apenas como uma referência, e tende a ter mais sentido em setores e empresas maduros. Uma indústria tão plural como a da moda pode apresentar valores muito diferentes.*

Dessa forma, uma boa maneira de desenvolver um orçamento de marketing é por meio de um trabalho multidisciplinar com profissionais de diversas áreas da empresa, para gerar uma estratégia que componha vendas e marketing, relacionando-os.

A composição de um plano de lançamento de produtos, associada a ações de marketing e metas de vendas, é fundamental para avaliar se os gastos envolvidos nas ações de marketing geram impacto nas receitas de vendas suficientes para gerar lucro.

Esse impacto pode ser por meio de mais vendas ou maior margem bruta — que é o percentual do preço de venda líquido que sobra após subtração dos custos. Essa margem também é impactada pela questão dos descontos. Quanto mais as ações favorecerem a venda a preços cheios ou com percentuais menores de descontos, melhor o resultado.

Grosseiramente analisando, ações que não tenham impacto direto sobre o resultado de curto prazo podem ser realizadas, desde que não sejam pesadas demais a ponto de comprometer a lucratividade.

Ainda assim, é importante utilizar os dados históricos, quando disponíveis. Esses resultados de coleções anteriores podem indicar se determinadas ações tendem a gerar resultados ou não, qual é o momento de descontinuar um gasto que deixou de ter desempenho, e quais ações parecem provocar uma melhor reação para a empresa.

---

[13] *Budget* é o termo em inglês correspondente à palavra "orçamento"; também muito utilizado no cotidiano das empresas do Brasil.

[14] *Growth Marketing* é, em tradução literal do inglês, marketing de crescimento. Esse termo tem sido utilizado para descrever as diversas ações de marketing, em especial utilizando dados, que buscam o aumento de vendas por meio de testes de abordagens diferentes no ambiente digital.

Em resumo, para se estabelecer um orçamento de marketing, deve-se:

- definir os objetivos do negócio para o próximo período de planejamento (ex.: aumentar vendas, aumentar margem, ampliar canais etc.);

- definir as ações de marketing que fazem sentido para atingir esses objetivos;

- simular os resultados por meio de uma projeção financeira, que inclua as vendas esperadas com as ações definidas, os custos e despesas, chegando às análises de margens bruta e líquida;

- analisar se esses resultados fazem sentido conforme suas expectativas, refletindo o impacto de cada ação nesses resultados; e

- rever as ações e simular resultados até que se encontre um plano que faça sentido para esse momento.

O orçamento de marketing será o resultado desse plano. O conjunto de ações selecionadas e seus orçamentos corresponde a um planejamento geral de marketing.

24 PROJEÇÃO E ANÁLISE DE RESULTADOS

A projeção e a análise de resultados são a base para a tomada de grande parte das decisões de um negócio, pois traduzem em números a estratégia definida e, assim, permitem a avaliação de como cada uma de suas ações influencia a lucratividade.

Um primeiro ponto para se desenvolver uma projeção de resultados é definir o ciclo de planejamento. Em moda, é muito comum que essa definição utilize o período aproximado de um ciclo de lançamentos e um ciclo de liquidações, que costuma corresponder ao que chamamos de coleção. É importante que a avaliação compreenda esses dois momentos, pois a margem bruta é muito maior em ciclos de lançamentos do que em ciclos de liquidações, porém ambos são intrínsecos à natureza de um negócio de moda, como já foi detalhado no capítulo 2.

Também é interessante realizar o planejamento para todo um ano, pois assim serão incluídas as sazonalidades do mercado de moda, sendo compatível com a abordagem tradicional de análise de resultados pelo calendário anual.

Ao fazer o planejamento por coleção, uma possibilidade é utilizar as seguintes divisões para empresas de moda brasileiras:

- Março a agosto: lançamentos costumam acontecer com mais frequência entre março e maio. Junho é um mês intermediário, no qual algumas marcas já começam as remarcações e outras ainda recebem produtos novos pontualmente. Julho e agosto são predominantemente meses de liquidações. Agosto é um mês de transição, pois já são iniciados os lançamentos de primavera-verão para ativar as vendas. Contudo, é comum que ainda seja muito relevante o faturamento correspondente às promoções, motivo pelo qual podemos incluí-lo no planejamento do ciclo de inverno.

- Setembro a fevereiro: lançamentos costumam acontecer com mais frequência entre setembro e início de dezembro. Algumas marcas começam as remarcações logo após o Natal, outras aguardam até o começo de janeiro. Por ser um país tropical, algumas marcas ainda recebem produtos novos em janeiro e, às vezes, até em fevereiro, voltados para as demandas geradas pelas férias e pelo feriado de Carnaval. Porém, janeiro e fevereiro são predominantemente meses de liquidações de verão. Em geral, os lançamentos de outono começam a acontecer após o Carnaval, mas ainda são tímidos até março. Por isso, costuma-se incluir fevereiro no planejamento de verão.

Também existem empresas que preferem dividir os planejamentos em ciclos de cinco meses para o inverno e sete meses para o verão. Nesse caso, o inverno seria considerado de março a julho; e o verão, de agosto a fevereiro.

Ou ainda, é possível tentar avaliar os resultados das coleções pela segmentação do faturamento, separando as vendas de produtos de cada coleção. Porém, essa é uma análise que só pode chegar até o ponto da avaliação da margem bruta, já que, para apuração do lucro, é necessário subtrair as despesas, que não são tão facilmente segregadas por coleção.

Após definir o ciclo de planejamento, é necessário realizar a projeção de vendas associada ao calendário de lançamentos e ao plano de marketing, utilizando como referência o histórico da empresa dos indicadores de vendas e marketing. Os capítulos 18 e 19 exploram os principais indicadores e informações necessárias para realizar uma projeção de vendas.

Com base na projeção de vendas, é fundamental analisar quantas peças serão necessárias para abastecer o estoque de maneira suficiente para que essas vendas ocorram. O capítulo 20 explica como realizar um planejamento de sortimento compatível com a projeção de vendas.

Da projeção de vendas em peças e em valores monetários (reais, no caso do Brasil), temos a partida para a projeção de resultados e de fluxo de caixa. O plano de sortimentos, além de validar a projeção de vendas, também dá subsídio para a construção da projeção de fluxo de caixa.

A projeção de resultados segue a mesma sequência da Demonstração de Resultados, detalhada no capítulo 21. A Receita Bruta subtraída dos impostos e abatimentos de vendas resulta na Receita Líquida. Dela são subtraídos os Custos das Vendas para se chegar ao Lucro Bruto. Do Lucro Bruto são subtraídas as Despesas para se apurar o Resultado (lucro ou prejuízo).

Veja o exemplo simplificado a seguir:

TABELA 13 **EXEMPLO DE PROJEÇÃO DE RESULTADOS DE UMA COLEÇÃO**

PROJEÇÃO DE RESULTADOS		COLEÇÃO DE VERÃO
QUANTIDADE		2.780
PREÇO MÉDIO	R$	264
RECEITA BRUTA	**R$**	**734.000**
IMPOSTOS (Simples)	R$	73.400
RECEITA LÍQUIDA	**R$**	**660.600**
CUSTO DOS PRODUTOS VENDIDOS	R$	333.600
LUCRO BRUTO	**R$**	**327.000**
DESPESAS	R$	243.000
Pessoal e Prestadores de Serviços	R$	96.000
Infraestrutura Administrativa	R$	60.000
Marketing e Vendas	R$	84.000
Financeiras	R$	3.000
RESULTADO	**R$**	**84.000**
% Margem Bruta / Receita Líquida		50%
Markup efetivo		2,20
% Resultado / Receita Líquida		13%

Fonte: a autora

Nesse exemplo, a empresa está projetando vender 2.780 peças a um preço médio, já considerando os descontos, de R$ 268. Isso resulta em uma receita bruta de R$ 734 mil.

Essa empresa é optante pelo sistema tributário Simples, e sua alíquota média é de 10%. Dessa forma, dos R$ 734 mil faturados, R$ 73.400 serão pagos de impostos, chegando a uma Receita Líquida de R$ 660,6 mil.

Da Receita Líquida, devemos subtrair os Custos dos Produtos Vendidos para apurar o Lucro Bruto. Temos a informação de que o custo médio dos produtos de inverno será de R$ 120 (ver o capítulo 22 para compreender a apuração do custo médio). Com isso, multiplicando os 2.780 itens que pretendemos vender pelo custo de R$ 120 por item, temos R$ 333,6 mil de Custos dos Produtos Vendidos. Logo, subtraindo esses custos da Receita Líquida, chegamos a R$ 327 mil de Lucro Bruto.

As despesas foram orçamentadas em R$ 243 mil, compostas por despesas com pessoal e prestadores de serviços, despesas da infraestrutura administrativas, de marketing e financeiras. Para aprender como realizar orçamentação de despesas, verifique o capítulo 23.

Assim, subtraindo do Lucro Bruto as Despesas, obtém-se o Resultado de R$ 84 mil de lucro para essa coleção de verão.

Pode-se analisar esse resultado em percentual da Receita Líquida, verificando que ele corresponde a 13% de lucro. Outro indicador básico, e

que é interessante acompanhar, é o percentual da Margem Bruta. Nesse caso, o percentual resultante foi de 50%.

Esses percentuais servem como referência para comparar a projeção dessa coleção com resultados efetivos de coleções anteriores ou para comparar com outras empresas[15].

A margem bruta, por exemplo, pode variar bastante entre empresas com posicionamento premium em comparação com redes varejistas mais populares. Também há uma grande variação entre empresas de venda apenas a varejo e empresas com venda a atacado significativa.

A projeção de resultados agregada para toda uma coleção é, na verdade, composta por uma análise mensal que combina as especificidades de cada momento do ciclo de lançamentos e coleção. No mercado de moda, podem existir variações significativas entre os diversos meses. Os de lançamentos tendem a ter uma margem bruta percentual maior e os de liquidação podem até ter prejuízo. Porém, é da natureza de uma empresa de moda que existam estoques residuais formados por produtos com desfalque em diversas cores e tamanhos. Por isso, os meses de liquidação são fundamentais para limpar esses estoques e preparar para a entrada de um novo ciclo. Ou seja, não faria sentido avaliar o desempenho de um negócio de moda sem incluir os diferentes ciclos da moda.

---

[15] Empresas de capital aberto são obrigadas a divulgar seus resultados publicamente e podem ser utilizadas como referência.

A projeção apresentada no último exemplo, consolidada por coleção, normalmente é realizada detalhadamente por cada mês que a compõe. Essa visão mensal demonstra a questão anterior, representando o efeito das variações de preços, principalmente decorrentes dos descontos sazonais.

TABELA 14 **PROJEÇÃO DE RESULTADOS COM DETALHAMENTO MENSAL**

PROJEÇÃO DE RESULTADOS		SETEMBRO		OUTUBRO		NOVEMBRO		DEZEMBRO		JANEIRO		FEVEREIRO		COLEÇÃO DE VERÃO
QUANTIDADE		380		420		480		500		500		500		2.780
PREÇO MÉDIO	R$	300	R$	300	R$	300	R$	300	R$	220	R$	180	R$	264
RECEITA BRUTA	R$	**114.000**	R$	**126.000**	R$	**144.000**	R$	**150.000**	R$	**110.000**	R$	**90.000**	R$	**734.000**
IMPOSTOS (Simples)	R$	11.400	R$	12.600	R$	14.400	R$	15.000	R$	11.000	R$	9.000	R$	73.400
RECEITA LÍQUIDA	R$	**102.600**	R$	**113.400**	R$	**129.600**	R$	**135.000**	R$	**99.000**	R$	**81.000**	R$	**660.600**
CUSTO DOS PRODUTOS VENDIDOS	R$	45.600	R$	50.400	R$	57.600	R$	60.000	R$	60.000	R$	60.000	R$	333.600
LUCRO BRUTO	R$	**57.000**	R$	**63.000**	R$	**72.000**	R$	**75.000**	R$	**39.000**	R$	**21.000**	R$	**327.000**
DESPESAS	R$	40.500	R$	37.500	R$	43.500	R$	46.500	R$	37.500	R$	37.500	R$	243.000
Pessoal e Prestadores de Serviços	R$	15.000	R$	15.000	R$	18.000	R$	18.000	R$	15.000	R$	15.000	R$	96.000
Infraestrutura Administrativa	R$	10.000	R$	10.000	R$	10.000	R$	10.000	R$	10.000	R$	10.000	R$	60.000
Marketing e Vendas	R$	15.000	R$	12.000	R$	15.000	R$	18.000	R$	12.000	R$	12.000	R$	84.000
Financeiras	R$	500	R$	500	R$	500	R$	500	R$	500	R$	500	R$	3.000
RESULTADO	R$	**16.500**	R$	**25.500**	R$	**28.500**	R$	**28.500**	R$	**1.500**	-R$	**16.500**	R$	**84.000**
% Margem Bruta / Receita Líquida		56%		56%		56%		56%		39%		26%		50%
Markup efetivo		2,50		2,50		2,50		2,50		1,83		1,50		2,20
% Resultado / Receita Líquida		16%		22%		22%		21%		2%		-20%		13%

Fonte: a autora

Nessa projeção, é possível observar que os preços médios nos meses de lançamento se mantêm em R$ 300, calculados com base no mix de produtos ofertados na coleção e em pequenos percentuais de descontos que são aplicados de maneira regular e fazem parte da política comercial fixa da empresa[16]. Em janeiro e fevereiro, quando as peças entram em liquidação, os preços médios caem. Veja que

---

[16] Muitas empresas oferecem descontos regularmente para primeira compra e para pagamentos à vista ou em cartão de débito, por exemplo. Deve-se estimar qual a parcela das vendas que recebe esse tipo de benefício e aplicar um percentual de redução sobre o preço médio dos produtos para considerar que parte das vendas sofra descontos, mesmo fora dos meses de liquidação.

o markup original é 2,5 nos meses de venda a preço cheio e cai para 1,83 em janeiro e 1,5 em fevereiro, em decorrência dos descontos. Assim, o markup efetivo da coleção foi 2,2.

Além da variação dos preços médios, os volumes de venda também variam, assim como algumas despesas. Todas essas variações produzem um efeito sobre o resultado, que é positivo entre setembro e dezembro, é próximo a um empate em janeiro e negativo em fevereiro. Porém, o resultado da coleção foi positivo, com 13% de lucro e 50% de margem bruta.

Assim, avaliando essa projeção, é possível que alguém questione se as promoções efetivamente compensam. Porém, se elas não existissem, a sobra de estoque seria muito maior — o que pode não afetar diretamente o resultado, mas compromete fortemente o caixa, como veremos no capítulo 25.

As projeções de resultados são uma ferramenta importantíssima para avaliar cenários e considerar quais estratégias têm maior chance de gerar os impactos desejados do ponto de vista financeiro. Por isso, é comum que a projeção precise ser revisada algumas vezes, envolvendo as diversas dimensões do negócio, como vendas, comunicação, abastecimento, e assim por diante.

Essas revisões representam o amadurecimento do plano estratégico até que se considere que ele representa um caminho factível e, ao mesmo tempo, rentável para o negócio. Com o plano aprovado, a empresa pode partir para a ação e mensuração de resultados.

25 PROJEÇÃO DE CAIXA

Conforme explorado no capítulo 21, uma das principais funções dentro da gestão financeira de um negócio é a tesouraria, que se encarrega de garantir que a empresa tenha solvência, ou seja, capacidade de cumprir com suas obrigações financeiras.

Nesse sentido, é fundamental realizar o controle do caixa. A gestão do caixa envolve acompanhar e prever o saldo de valor monetário disponível, seja em conta bancária, dinheiro, aplicações etc. Para isso, é necessário realizar o acompanhamento das:

- Contas a pagar: tudo que a empresa tem de obrigações de pagamento de fornecedores, impostos, funcionários, parcelas de pagamentos de empréstimos, entre outras saídas.

- Contas a receber: tudo que a empresa tem a receber de seus clientes.

Uma questão importante relacionada à gestão financeira de negócios de moda é o fato de que o ciclo financeiro de uma empresa de moda tradicional, como uma marca de moda, uma loja ou uma confecção, é relativamente longo, e os gastos acontecem com grande antecedência em relação aos recebimentos.

A consequência é que muitas empresas de moda têm dificuldades financeiras quando estão crescendo. Nesses momentos, a produção é maior e demanda mais saída de caixa, quando as vendas ainda estão acontecendo nos patamares anteriores.

Por outro lado, na medida em que se tem a consciência do ciclo financeiro que está envolvido em um negócio de moda, é possível planejar o nascimento e o crescimento do negócio para que ele não consuma mais caixa do que a empresa é capaz de prover.

A abertura de uma loja nova é um exemplo do que pode representar uma ameaça para a saúde financeira do negócio, quando não bem planejada. Isso acontece porque, além dos gastos com ponto, reforma e instalações, também existe um investimento em estoque. Muitas vezes, a loja já está desembolsando recursos referentes à compra de produtos da segunda coleção enquanto ainda não recebeu integralmente o dinheiro referente às vendas da anterior.

Por esse motivo, **muitas empresas quebram na expansão, e o que poderia ser um momento considerado próspero se torna uma grande ameaça para o negócio.**

Mas existem segmentos que vivem a realidade inversa, como é o caso dos produtos por encomenda, de vestidos de festa, noivas e alfaiataria artesanal. Para esses segmentos, geralmente o

pagamento é antecipado, realizado no momento da efetivação do pedido. Assim, a produção acontece depois do recebimento de parte ou todo o valor de venda dos produtos, de forma que o valor necessário para comprar materiais e produzir o produto já havia entrado no caixa.

Nesse caso, apesar de parecer uma condição vantajosa, existe o risco de uma gestão de caixa menos austera gerar problemas de solvência no futuro. Por exemplo, se os gastos com despesas fixas forem mais altos do que o lucro bruto dos produtos, em algum momento, os prejuízos econômicos vão impactar o caixa, tornando a empresa insolvente.

No cotidiano, a gestão de fluxo de caixa pode ser relativamente simples nos aspectos mais fundamentais, pois assemelha-se à gestão financeira pessoal: é necessário lançar as entradas e as saídas em uma planilha e acompanhar o saldo resultante.

Não é um grande desafio realizar essa previsão para as entradas de vendas já realizadas e as saídas de gastos já previstos ou por serem relativos a compras efetivadas ou por se tratar de gastos com despesas fixas. Porém, também é necessário incluir a previsão de novas vendas e de novas compras. Para isso, é necessário relacionar informações de diversos departamentos do negócio.

Outro desafio é lidar com fluxo de caixa negativo. Para a empresa não se tornar insolvente, é fundamental conseguir visualizar com antecedência a previsão de quanto e quando a empresa pode precisar de caixa para definir ações como:

- venda emergencial de estoques;

- renegociação de prazo de pagamento com fornecedores;

- redução de gastos supérfluos ou que podem ser adiados;

- antecipação de recebíveis;

- aporte de capital dos sócios; e

- tomada de empréstimos.

É sempre importante compreender as razões para a falta de caixa. Elas podem ser apenas relacionadas ao ciclo financeiro, mas também podem estar relacionadas a um prejuízo econô-mico. Seja qual for a causa, precisam ser estudadas medidas para solução.

Por isso, é fundamental associar a um plano estratégico uma projeção de resultados e de caixa. Pelo plano de sortimentos (capítulo 20) e pela projeção de resultados (capítulo 24), é possível derivar a projeção de caixa da seguinte forma:

- ENTRADAS → Distribuir as vendas projetadas nos seus diversos meses de recebimento conforme as condições comerciais oferecidas para os clientes.

Assim, utilizando como exemplo a base da projeção de resultados apresentada no capítulo 24:

TABELA 15 **EXEMPLO DE DISTRIBUIÇÃO DA PROJEÇÃO DE VENDAS (RECEITAS) EM PROJEÇÃO DE ENTRADAS NO CAIXA**

PROJEÇÃO DE ENTRADAS	SETEMBRO	OUTUBRO	NOVEMBRO	DEZEMBRO	JANEIRO	FEVEREIRO	PRÓXIMO PERÍODO DE PLANEJAMENTO	TOTAL
VENDAS DE MESES ANTERIORES	38.000	20.000	14.000					**72.000**
VENDAS DE SETEMBRO		38.000	38.000	38.000				**114.000**
VENDAS DE OUTUBRO			42.000	42.000	42.000			**126.000**
VENDAS DE NOVEMBRO				48.000	48.000	48.000		**144.000**
VENDAS DE DEZEMBRO					50.000	50.000	50.000	**150.000**
VENDAS DE JANEIRO						36.667	73.333	**110.000**
VENDAS DE FEVEREIRO							90.000	**90.000**
TOTAL ENTRADAS PROJETADAS	38.000	58.000	94.000	128.000	140.000	134.667	213.333	806.000

Fonte: a autora

Nesse exemplo, a empresa considera que, na média, recebe de seus clientes em três parcelas — 30, 60 e 90 dias após as vendas. As vendas de cada mês foram representadas nas linhas da planilha, enquanto a projeção de entrada no caixa foi representada nas colunas da planilha. Observe que as vendas de setembro estão projetadas para entrar em outubro, novembro e dezembro. As vendas de outubro devem entrar em novembro, dezembro, janeiro, e assim por diante.

Além de distribuir as vendas da própria coleção que está sendo planejada, também é necessário adicionar as entradas de vendas de coleções anteriores que foram parceladas e vão cair nos meses do período de setembro a fevereiro. Nesse exemplo, essas entradas estão representadas na primeira linha da tabela.

Também é importante lembrar que, mesmo que a coleção de verão se encerre em fevereiro, algumas parcelas referentes às vendas dos últimos meses da coleção só entrarão depois de março — o que está representado na última coluna da tabela.

Assim, o total de entradas de cada mês foi calculado somando-se as parcelas das vendas dos meses anteriores que efetivamente cairão nesse mês, considerando-se a premissa do prazo de pagamento (30-60-90), que foram somadas na última linha da planilha.

- SAÍDAS (PAGAMENTOS DE FORNECEDORES DE MATERIAIS, MÃO DE OBRA E PRODUTOS PRONTOS PARA REVENDA) → Distribuir as compras projetadas no plano de sortimento nos seus diversos meses de pagamento, conforme as condições comerciais negociadas com os fornecedores.

Portanto, continuando o exemplo anterior:

TABELA 16 **EXEMPLO DE DESDOBRAMENTO DO PLANO DE ABASTECIMENTO EM PROJEÇÃO DE IMPACTO NO CAIXA DECORRENTE DAS COMPRAS E PRODUÇÃO DE MERCADORI AS**

PLANO DE ABASTECIMENTO		SETEMBRO	OUTUBRO	NOVEMBRO	DEZEMBRO	JANEIRO	FEVEREIRO
ESTOQUE INICIAL		500	1.320	1.900	2.220	1.720	1.220
COMPRAS (QTDE PEÇAS)		1.200	1.000	800	-	-	-
PROJEÇÃO DE VENDAS (QTD PEÇAS)		380	420	480	500	500	500
ESTOQUE FINAL		1.320	1.900	2.220	1.720	1.220	720
COBERTURA DE ESTOQUE TOTAL		3,14	3,96	4,44	3,44	2,44	1,44
% DE SOBRA				ANTES LIQUID.	41%	APÓS LIQUID.	7%
CUSTO MÉDIO UNITÁRIO		R$ 120	R$ 120	R$ 120	R$ 120	R$ 120	R$ 120
COMPRAS EM R$ = QTDE X PREÇO MÉDIO		R$ 144.000	R$ 120.000	R$ 96.000	R$ -	R$ -	R$ -
PAGAMENTO DAS COMPRAS (30-60-90)		R$ -	R$ 48.000	R$ 88.000	R$ 120.000	R$ 72.000	R$ 32.000
SETEMBRO	R$ 144.000		R$ 48.000	R$ 48.000	R$ 48.000		
OUTUBRO	R$ 120.000			R$ 40.000	R$ 40.000	R$ 40.000	
NOVEMBRO	R$ 96.000				R$ 32.000	R$ 32.000	R$ 32.000

Fonte: a autora

Nesse exemplo, o plano de compras em quantidade de peças está na segunda linha numérica da tabela. Esse plano foi elaborado de forma a manter o abastecimento da loja com uma quantidade necessária para promover as vendas.

Essa quantidade de peças compradas pode ser convertida em valor monetário conforme o custo médio. Veja na tabela que as compras de setembro correspondem a R$ 144 mil; de outubro a R$ 120 mil; e de novembro correspondem a R$ 96 mil.

Para esse exemplo, considerou-se que o prazo de pagamento negociado com os fornecedores

foi de três parcelas mensais (30, 60 e 90 dias a partir da entrega das mercadorias). Com essa premissa, foi possível distribuir o valor das compras nos meses de pagamento, conforme apresentado nas últimas três linhas da tabela. Dessa forma, não se espera ter pagamentos em setembro referentes a compras de mercadorias de verão; em outubro, espera-se ter R$ 48 mil; em novembro, R$ 88 mil, e assim por diante, conforme apresentado na tabela.

Caso houvesse pagamentos referentes a fornecedores de mercadorias de coleções anteriores que ainda não tivessem sido efetivados, também precisariam ser lançados nessa previsão.

- SAÍDAS (PAGAMENTOS DE DESPESAS) → Distribuir os impostos e as despesas conforme condições de pagamento usuais, que, em geral, correspondem ao mês seguinte ao de comprometimento com o gasto.

Assim, continuando o exemplo, revisando a projeção de resultados apresentada no capítulo 24, podemos localizar os impostos e as despesas, que foram transcritos para o primeiro bloco da tabela a seguir.

TABELA 17 **PROJEÇÃO DE SAÍDAS DECORRENTES DE DESPESAS E IMPOSTOS (EXEMPLO)**

PROJEÇÃO DE SAÍDAS - IMPOSTOS E DESPESAS		SETEMBRO		OUTUBRO		NOVEMBRO		DEZEMBRO		JANEIRO		FEVEREIRO		MESES FUTUROS
REGIME DE COMPETÊNCIA														
IMPOSTOS (Simples)		R$	11.400	R$	12.600	R$	14.400	R$	15.000	R$	11.000	R$	9.000	
Pessoal e Prestadores de Serviços		R$	15.000	R$	15.000	R$	18.000	R$	18.000	R$	15.000	R$	15.000	
Infraestrutura Administrativa		R$	10.000	R$	10.000	R$	10.000	R$	10.000	R$	10.000	R$	10.000	
Marketing e Vendas		R$	15.000	R$	12.000	R$	15.000	R$	18.000	R$	12.000	R$	12.000	
Financeiras		R$	500	R$	500	R$	500	R$	500	R$	500	R$	500	
REGIME DE CAIXA														
IMPOSTOS (Simples)	n+1	R$	9.500	R$	11.400	R$	12.600	R$	14.400	R$	15.000	R$	11.000	R$ 9.000
Pessoal e Prestadores de Serviços	n+1	R$	15.000	R$	15.000	R$	15.000	R$	18.000	R$	18.000	R$	15.000	R$ 15.000
Infraestrutura Administrativa	n+1	R$	10.000	R$	10.000	R$	10.000	R$	10.000	R$	10.000	R$	10.000	R$ 10.000
Marketing e Vendas	n	R$	15.000	R$	12.000	R$	15.000	R$	18.000	R$	12.000	R$	12.000	
Financeiras	n	R$	500	R$	500	R$	500	R$	500	R$	500	R$	500	
TOTAL A PAGAR POR MÊS		R$	50.000	R$	48.900	R$	53.100	R$	60.900	R$	55.500	R$	48.500	R$ 34.000

Fonte: a autora

Nesse caso, os impostos, despesas com pessoal e infraestrutura administrativa são pagos no mês seguinte ao de competência (representados com a identificação "n+1" na tabela), pelos seguintes motivos:

- Impostos: a empresa do exemplo é optante do Simples. Dessa forma, o imposto referente às vendas de agosto é pago em setembro, e assim por diante.

- Pessoal: o salário referente ao trabalho realizado em determinado mês é pago no mês seguinte. O mesmo acontece com prestadores de serviços.

- Infraestrutura Administrativa: nesse caso do exemplo, esse grupo de despesas é aquele relativo ao escritório e à loja, como aluguel, conta de luz, água, telefonia etc. Esse tipo de gasto é pago no mês seguinte ao de utilização.

Para esses três tipos de gastos, em setembro (o primeiro mês de planejamento), serão pagos valores referentes a agosto (que estava fora do planejamento de resultados, mas a empresa pode obter o saldo a pagar e lançar na projeção de caixa). De outubro em diante, é possível projetar as saídas de caixa conforme a projeção de resultados.

Já as despesas de marketing, vendas e despesas financeiras em geral são pagas no mesmo mês em que acontecem (representadas pela identificação "n" na tabela).

Dessa forma, na última linha dessa tabela, temos a soma das saídas de caixa mês a mês para impostos e despesas.

Após projetar entradas e saídas de caixa conforme (1) o que já se tem de obrigações de gastos comprometidos e de recebimento de clientes referentes a vendas efetivas, e (2) o que se prevê vender, comprar e gastar no período de planejamento, essas informações devem ser consolidadas em uma projeção de fluxo de caixa que também considere o saldo inicial do caixa no início do período de planejamento.

Logo, continuando o exemplo, a tabela a seguir integra as entradas e as saídas de caixa previstas, obtendo o saldo de caixa de cada mês.

TABELA 18 **PROJEÇÃO DE CAIXA PARA UM PERÍODO DE PLANEJAMENTO (EXEMPLO)**

PROJEÇÃO DE CAIXA: SETEMBRO A FEVEREIRO	SETEMBRO	OUTUBRO	NOVEMBRO	DEZEMBRO	JANEIRO	FEVEREIRO
TOTAL ENTRADAS PROJETADAS	38.000	58.000	94.000	128.000	140.000	134.667
TOTAL DE SAÍDAS	50.000	96.900	141.100	180.900	127.500	80.500
PAGAMENTO DAS COMPRAS (30-60-90)	-	48.000	88.000	120.000	72.000	32.000
TOTAL A PAGAR POR MÊS	50.000	48.900	53.100	60.900	55.500	48.500
SALDO DO MÊS (ENTRADAS - SAÍDAS)	-	12.000 -	38.900 -	47.100 -	52.900	12.500	54.167
SALDO ACUMULADO DO PERÍODO	-	12.000 -	50.900 -	98.000 -	150.900 -	138.400 -	84.233
SALDO INICIAL (FIM DE AGOSTO)	60.000					
SALDO ACUMULADO EFETIVO	48.000	9.100 -	38.000 -	90.900 -	78.400 -	24.233

Fonte: a autora

Além de integrar o saldo de cada mês individualmente, é importante calcular o saldo acumulado, considerando também o saldo em caixa inicial.

Nesse exemplo, a empresa previa ter R$ 60 mil de saldo em caixa no fim de agosto. Com as entradas e saídas de setembro, esse saldo cairá para R$ 48 mil; já em outubro, para R$ 9.100, e assim por diante.

Observe que, para esse exemplo, a empresa teve lucro (Tabela 13), mas teve caixa negativo. Nesse caso, os principais motivos pelos quais se observa essa diferença foram:

- *As entradas referentes a vendas do período anterior a setembro são menores do que as entradas referentes às vendas desse período de planejamento, que ficam a receber para o próximo período (após março).*

- *Parte do dinheiro gasto durante o período foi para o aumento de estoque, que passou de 500 para 720 peças (ver Tabela 16). Ou seja, parte da rentabilidade promovida pela venda dos produtos comprados foi comprometida, no caixa, pela retenção de capital de giro no estoque.*

Assim como o exemplo anterior, o caixa e o resultado raramente são compatíveis em negócios de moda por conta de dois motivos principais:

- ciclo financeiro que envolve o pagamento dos produtos e insumos comprados com antecedência relativamente grande em comparação com o recebimento dos pagamentos das vendas; e

- oscilação do estoque, que pode reter ou liberar capital de giro.

A apuração de resultados não captura a variação do estoque. O motivo conceitual para essa característica é que um produto não pode ter gerado lucro ou prejuízo antes de sua venda efetivamente ser realizada. Enquanto esse produto está no estoque, ainda não é possível ter certeza do preço pelo qual será vendido e, com isso, sua margem real não foi realizada.

Dessa forma, é fundamental que a gestão do negócio de moda acompanhe rigorosamente esses três aspectos do negócio: caixa, resultado e estoque. Essas facetas compõem diferentes perspectivas, que não são capazes de gerar, individualmente, base para tomada de decisão, porém, quando combinadas, representam bem o negócio por meio de números.

CONSIDERAÇÕES FINAIS

Este livro espera trazer consigo a conclusão de que **apenas a associação das análises quantitativa e qualitativa dos diferentes aspectos do negócio de moda pode promover uma gestão robusta, com maior chance de sucesso e mais consciência sobre aspectos que possam ser utilizados como lições aprendidas**.

Essa conclusão é especialmente importante considerando alguns aspectos dos negócios de moda que são específicos e os diferem de outros setores:

- Subjetividade do valor dos produtos, decorrente de suas características criativas e do valor intangível associado a marcas e seus atributos.

- Os produtos estão dispersos em uma vasta gama de variações de modelos, cores e tamanhos.

- Os produtos renovam-se com alta frequência, acompanhando o ciclo da moda.

- Produção e logística de compras complexas, envolvendo a coordenação de redes fragmentadas de fornecedores dispersos geograficamente.

- *Lead time* de abastecimento tende a ser relativamente longo, em comparação com o ciclo de vida dos produtos e de vendas no varejo, o que requer planejamento com antecipação e reduz as possibilidades de reposição de produtos.

- Gestão de estoque complexa devido à grande variedade de SKUs e aos desfalques de cores e tamanhos, o que converge para liquidações sazonais, cujos descontos precisam ser definidos de maneira a minimizar as perdas de margem.

- Ciclo financeiro longo, o que impacta a grande importância de se gerir caixa e resultados de maneira vigilante.

A todos esses fatores também devemos adicionar o ingrediente das rápidas mudanças tecnológicas atuais, que impactam a comunicação, comercialização e operacionalização dos negócios em geral.

Por esses motivos, o caminho para desenvolver uma indústria mais robusta e oportunidades profissionais é pavimentado pelo enriquecimento de conhecimento acerca das questões essenciais dos negócios de moda.

REFERÊNCIAS

GEREFFI, G.; MEMEDOVIC, O.: **The Global Apparel Value Chain: What Prospects for Upgrading by Developing Countries.** United Nations Industrial Development, p. 36, 2003, Available at SSRN: https://ssrn.com/abstract=413820

INSTITUTO BRASILEIRO DE GOVERNANÇA CORPORATIVA (IBGC). **Código das melhores práticas de governança corporativa.** 5. ed. São Paulo: IBGC, 2015.

KOTLER, P.; ARMSTRONG, G. **Princípios de marketing.** 9. ed. São Paulo: Pearson: Prentice Hall, 2015.

OSTERWALDER, A.; PIGNEUR, Y. **Business model generation.** Amsterdam, NL: Pigneur, 2009.

APOIO